JN042725

学ぶ人は、変えてゆく人だ。

目の前にある問題はもちろん、

人生の問いや、

社会の課題を自ら見つけ、

挑み続けるために、人は学ぶ。

「学び」で、

少しずつ世界は変えてゆける。

いつでも、どこでも、誰でも、

学ぶことができる世の中へ。

旺文社

英単語ターゲット 1900

[6訂版]

実戦問題集

ターゲット編集部 編

旺文社

本書の特長と使い方

単語集に完全対応

本書は,『英単語ターゲット1900［6訂版］』(以下，単語集)に完全対応した問題集です。単語集掲載の1900見出し語をすべて出題しており，各セクションの100語を3回，全19セクションを57回で学習する構成です。

Part 1　Section　**1-1**
　　　　　　　　　　1-2　　　100語（単語番号1～100）を
　　　　　　　　　　1-3　　　ランダムに出題

　　　　　Section　**2-1**
　　　　　　　　　　〜
　　　　　Section　**18-3**

Part 3　Section　**19-1**
　　　　　　　　　　19-2　　　100語（単語番号1801～1900）を
　　　　　　　　　　19-3　　　ランダムに出題

まずは単語集で単語の学習を行い，その後に覚えた内容を本書で確認するのがおすすめです。1セクションの100語を3回の中でランダムに出題しているので，単語をどの程度覚えられたかをしっかりと確認できます。

構成と使い方

各回とも **Step 1**，**Step 2**，**Step 3**，**Challenge** で構成されています。

Step 1　見出し語の意味・発音・アクセント問題

① 英単語の意味を選ぶ問題

② 日本語の意味を表す英単語を選ぶ問題

③ 見出し語の発音・アクセント問題

●見出し語の意味，単語集で 発・アク の付いている見出し語を中心に確認できます。

Step 2 見出し語の関連語

見出し語の反意語・同義語・派生語を答える問題
● さらなる語い力アップを目指します。

※単語集掲載の関連語を解答としています。

Step 3 見出し語の用法

英文の空所補充・和訳問題
● 見出し語の使い方を文で確認できます。

※文頭にくる語も小文字にしています。

Challenge 入試問題

空所補充・整序・一致選択問題
● 2015〜2018年に実施された大学入試問題から出題しています。

※英文の一部を改変・省略，出題形式を変更しているものもあります。

問題編

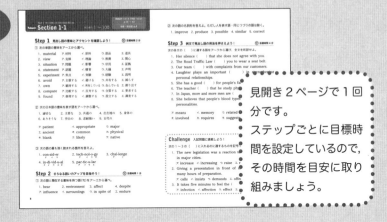

見開き2ページで1回
分です。
ステップごとに目標時
間を設定しているので，
その時間を目安に取り
組みましょう。

解答・解説編

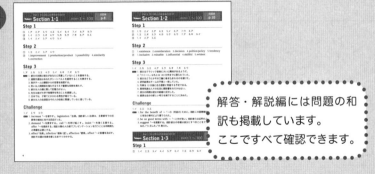

解答・解説編には問題の和
訳も掲載しています。
ここですべて確認できます。

CONTENTS

Part 3　ここで差がつく難単語 400 語

□装丁デザイン：及川真咲デザイン事務所　　□ペーパーイラスト制作・撮影：AJIN
□本文デザイン：牧野 剛士　　□編集協力：株式会社 シー・レップス　　□編集担当：上原 英

Part 1

常に試験に出る
基本単語

800語

Step 1 見出し語の意味とアクセントを確認しよう！ 目標時間 2 分

① 次の単語の意味をア〜エから選べ。

1. material ア. 材料 イ. 原料 ウ. 部品 エ. 道具
2. view ア. 見解 イ. 理論 ウ. 推測 エ. 関心
3. situation ア. 問題 イ. 影響 ウ. 状況 エ. 証拠
4. statement ア. 話題 イ. 慣習 ウ. 大儀 エ. 声明
5. experiment ア. 焦点 イ. 実験 ウ. 経験 エ. 説明
6. avoid ア. 主張する イ. 避ける ウ. 共有する エ. 減らす
7. own ア. 維持する イ. 所有している ウ. 含んでいる エ. 創り出す
8. compare ア. 比較する イ. 反対する ウ. 合算する エ. 要求する
9. found ア. 修理する イ. 調整する ウ. 設立する エ. 調査する

② 次の日本語の意味を表す語をア〜ケから選べ。

1. 適切な 2. 主要な 3. 共通の 4. 出生地の 5. 身体の
6. ありそうな 7. 空白の 8. 忍耐強い 9. 古代の

ア. patient イ. appropriate ウ. major
エ. ancient オ. common カ. physical
キ. blank ク. likely ケ. native

③ 次の語の最も強く読まれる箇所を答えよ。

1. con-sid-er
  ア イ ウ
2. tech-nol-o-gy
  ア イ ウ エ
3. chal-lenge
  ア イ
4. in-di-vid-u-al
  ア イ ウ エ オ
5. par-tic-u-lar
  ア イ ウ エ

Step 2 さらなる語い力アップを目指そう！ 目標時間 1 分

① 次の語と類似する意味を持つ語(句)をア〜エから選べ。

1. bear 2. environment 3. affect 4. despite
ア. influence イ. surroundings ウ. in spite of エ. endure

② 次の語の名詞形を答えよ。ただし人を表す語・同じつづりの語は除く。

1. improve 2. produce 3. possible 4. similar 5. correct

Step 3 例文で見出し語の用法を押さえよう！ ⏱ 目標時間 4 分

次の各文の（　）に適する語をア〜クから選び，全文を和訳せよ。

1. Her silence（　　　）that she does not agree with you.
2. The Road Traffic Law（　　　）you to wear a seat belt.
3. Our team（　　　）with complaints from our customers.
4. Laughter plays an important（　　　）in strengthening personal relationships.
5. She has a good（　　　）for people's faces.
6. The teacher（　　　）that he study physics in university.
7. In Japan, more and more men are（　　　）in raising children.
8. She believes that people's blood types are（　　　）to their personalities.

ア. means   イ. memory   ウ. related   エ. deals
オ. involved   カ. requires   キ. suggested   ク. role

Challenge 入試問題に挑戦しよう！ ⏱ 目標時間 1 分 30 秒

次の 1 〜 3 の（　）に入れるのに適するものを記号で答えよ。

1. The new legislation was a reaction to（　　　）crime rates in major cities.
   ア. increase イ. increasing ウ. raise エ. raising　　(中央大)
2. Giving a presentation in front of many people（　　　）many hours of preparation.
   ア. calls イ. insists ウ. demands エ. offers　　(南山大)
3. It takes five minutes to feel the（　　　）of the medicine.
   ア. infection イ. affection ウ. effect エ. affect　　(法政大)

9

Step 1　見出し語の意味と発音を確認しよう！　⊙ 目標時間 2 分

① 次の単語の意味をア〜エから選べ。

1. issue　ア. 課題　イ. 議題　ウ. 問題　エ. 出題
2. subject　ア. 記事　イ. 話題　ウ. 主張　エ. 理論
3. species　ア. 種（しゅ）　イ. 材料　ウ. 姿　エ. 証拠
4. focus　ア. 声明　イ. 論点　ウ. 記憶　エ. 焦点
5. culture　ア. 学説　イ. 文化　ウ. 文明　エ. 条約
6. particular　ア. 特定の　イ. 全般的な　ウ. 共通の　エ. 同様の
7. possible　ア. 不可避の　イ. 一般の　ウ. 可能な　エ. 似ている
8. public　ア. 公の　イ. 秘密の　ウ. 普通の　エ. 独自の

② 次の日本語の意味を表す語をア〜ケから選べ。

1. 測る　2. 奨励する　3. 完成させる　4. 設計する　5. 創り出す
6. 保存する　7. 共有する　8. 意味する　9. 耐える

ア. share　イ. bear　ウ. store
エ. measure　オ. encourage　カ. design
キ. mean　ク. complete　ケ. create

③ 次の語の下線部の発音と同じ発音の語をア〜エから選べ。

1. allow　ア. role　イ. found　ウ. thought　エ. own
2. available　ア. major　イ. various　ウ. blank　エ. matter
3. certain　ア. mark　イ. force　ウ. compare　エ. concern

Step 2　さらなる語い力アップを目指そう！　⊙ 目標時間 1 分

① 次の語の名詞形を答えよ。ただし人を表す語・同じつづりの語は除く。

1. exist　2. consider　3. decide　4. political　5. tend

10

② 次の語の形容詞形を答えよ。ただし -ed 形，-ing 形は除く。

 1. include 2. value 3. influence 4. skill 5. evidence

Step 3 例文で見出し語の用法を押さえよう！ ⊘ 目標時間 4 分

次の各文の（ ）に適する語をア〜クから選び，全文を和訳せよ。

 1. She seems to have a great（ ）in classical music.

 2. "Tweets" were originally（ ）to 140 characters.

 3. She somehow（ ）getting involved in the quarrel.

 4. The research results were in（ ）with the expectations of the team.

 5. The train is（ ）to arrive at Nagoya Station in ten minutes.

 6. Abnormal weather can have a negative（ ）on people's lives.

 7. Her parents（ ）to her marriage.

 8. The manager decided to put his new ideas into（ ）.

 ア. accord イ. interest ウ. practice エ. avoided

 オ. effect カ. limited キ. objected ク. due

Challenge 入試問題に挑戦しよう！ ⊘ 目標時間 1 分 30 秒

次の 1 〜 2 の（ ）に入れるのに適するものを記号で答えよ。3 は（ ）に入れるのに<u>適さないもの</u>を記号で答えよ。

 1. This library was built with voluntary contributions for the（ ）of the community.

  ア. help イ. benefit ウ. reason エ. design (南山大)

 2. They are on good（ ）with their neighbors.

  ア. degrees イ. friends ウ. manners エ. terms (学習院大)

 3. Her mother（ ）her what to do.

  ア. advised イ. asked ウ. showed エ. suggested オ. told

                 (早稲田大)

Section 1-3

単語番号 1 ～ 100

Step 1 見出し語の意味とアクセントを確認しよう！

⏱ 目標時間 2 分

① 次の単語の意味をア～エから選べ。

1. offer	ア. 要求する	イ. 申し出る	ウ. 提出する	エ. 許す
2. realize	ア. 述べる	イ. 尋ねる	ウ. 願う	エ. 気づく
3. involve	ア. 向上させる	イ. 関与させる	ウ. 分担する	エ. 影響を及ぼす
4. matter	ア. 実践	イ. 事柄	ウ. 影響	エ. 見解
5. thought	ア. 考え	イ. 知識	ウ. 証拠	エ. 評価
6. source	ア. 期限	イ. 源	ウ. 役割	エ. 情報
7. benefit	ア. 予算	イ. 原理	ウ. 損失	エ. 利益
8. term	ア. 資料	イ. 時期	ウ. 用語	エ. 事実
9. political	ア. 実践的な	イ. 政治上の	ウ. 可能な	エ. 身体の

② 次の日本語の意味を表す語をア～ケから選べ。

1. 知識　　2. 科学技術　　3. 共同社会　　4. 理由　　5. 会社
6. 学説　　7. 記事　　8. 計画　　9. 研究

ア. research　　イ. reason　　ウ. project

エ. community　　オ. knowledge　　カ. company

キ. article　　ク. technology　　ケ. theory

③ 次の語の最も強く読まれる箇所を答えよ。

1. in-flu-ence　　　2. sub-ject〔名詞〕　　3. in-ter-est
　　 ア　イ　ウ　　　　　　　ア　イ　　　　　　　　ア　イ　ウ

4. i-de-a　　　　　5. re-cent
　 ア　イ　ウ　　　　　ア　イ

Step 2 さらなる語い力アップを目指そう！

⏱ 目標時間 1 分

① 次の語と反対の意味を持つ語をア～エから選べ。

1. increase　　2. quality　　3. cause　　4. public

ア. private　　イ. quantity　　ウ. decrease　　エ. effect

② 次の語の名詞形を答えよ。ただし人を表す語・同じつづりの語は除く。

1. describe　2. depend　3. reduce　4. likely　5. various

Step 3　例文で見出し語の用法を押さえよう！　　⏱ 目標時間 4 分

次の各文の（　　）に適する語をア〜クから選び，全文を和訳せよ。

1. The scandal （　　） the CEO to resign from his position.
2. His car is （　　） to mine in design and performance.
3. My town （　　） to get windy.
4. We are （　　） about the negative effect of the new tax law.
5. She has （　　） to memorize ten English words a day.
6. During the test, the student （　　） his answers with a pencil.
7. I （　　） that she let me go with her.
8. I am （　　） that she will get a promotion at work.

ア. similar　　　イ. marked　　　ウ. decided　　　エ. concerned
オ. tends　　　カ. forced　　　キ. certain　　　ク. demanded

Challenge　入試問題に挑戦しよう！　　⏱ 目標時間 1 分 30 秒

次の 1 〜 3 の（　　）に入れるのに適するものを記号で答えよ。

1. I'm （　　） to take as many as eight classes this semester. That means I have to quit one of my part-time jobs.
   ア. necessary　イ. required　ウ. capable　エ. accustomed
   （青山学院大）

2. Customer complaints are usually （　　） with by the public relations department of a company.
   ア. processed　イ. dealt　ウ. managed　エ. communicated
   （法政大）

3. （　　） the United Kingdom's cool climate being perfectly suited for growing apples, nearly three-quarters of the apples eaten in the UK are imported.
   ア. Despite　イ. Nevertheless　ウ. Since　エ. Though　　（中央大）

Step 1 見出し語の意味とアクセントを確認しよう！ 🕐 目標時間2分

① 次の単語の意味をア～エから選べ。

1. advance ア. 主張する イ. 進歩させる ウ. 想像する エ. 引き出す
2. establish ア. 識別する イ. 証明する ウ. 確立する エ. 独立する
3. structure ア. 機能 イ. 特徴 ウ. 秩序 エ. 構造
4. trade ア. 輸入 イ. 輸出 ウ. 貿易 エ. 関税
5. emotion ア. 感情 イ. 情熱 ウ. 性格 エ. 態度
6. feature ア. 情緒 イ. 特徴 ウ. 性質 エ. 機能
7. plastic ア. 適切な イ. 柔軟な ウ. 明確な エ. 頑固な
8. positive ア. 肯定的な イ. 否定的な ウ. 全体的な エ. 懐疑的な
9. eventually ア. さもなければ イ. ゆえに ウ. 結局 エ. ～にもかかわらず

② 次の日本語の意味を表す語をア～ケから選べ。

1. 仕事 2. 経済 3. 政策 4. 模範 5. 数字
6. 10年間 7. 句 8. 詳細 9. 用地

ア. phrase イ. economy ウ. task
エ. figure オ. site カ. policy
キ. detail ク. decade ケ. model

③ 次の語の最も強く読まれる箇所を答えよ。

1. com-mu-ni-cate 2. oc-cur 3. at-ti-tude
  ア イ ウ エ   ア イ   ア イ ウ

4. in-come 5. cur-rent
  ア イ   ア イ

Step 2 さらなる語い力アップを目指そう！ 🕐 目標時間1分

① 次の語と類似する意味を持つ語をア～エから選べ。

1. argue 2. opportunity 3. necessary 4. industry
ア. diligence イ. essential ウ. chance エ. claim

14

② 次の語の名詞形を答えよ。ただし人を表す語・同じつづりの語は除く。

1. express　2. treat　3. prove　4. determine　5. complex

Step 3　例文で見出し語の用法を押さえよう！　🕐 目標時間4分

次の各文の（　　）に適する語をア〜クから選び，全文を和訳せよ。

1. （　　）that you won the lottery.
2. She can（　　）any math problem quickly.
3. Some scientists（　　）that coffee lowers the risk of heart disease.
4. You should not（　　）too much time on chatting online.
5. Some people（　　）e-books to printed books.
6. Today, many people（　　）English language ability as necessary.
7. Strict laws may（　　）people from committing violent crimes.
8. Many countries around the world（　　）from natural disasters.

ア. prefer　　　イ. waste　　　ウ. prevent　　　エ. imagine
オ. claim　　　カ. regard　　　キ. suffer　　　ク. solve

Challenge　入試問題に挑戦しよう！　🕐 目標時間1分30秒

次の1〜3の（　　）に入れるのに適するものを記号で答えよ。

1. I instantly（　　）his face, but I couldn't remember his name.
   ア. realized　イ. understood　ウ. figured　エ. recognized
   （青山学院大）

2. Josh has（　　）a very good reputation for being a reliable employee at his company.
   ア. accomplished　イ. succeeded　ウ. gained　エ. made　（南山大）

3. There aren't many people who have（　　）everything they had once planned to do in their lives.
   ア. accepted　イ. accessed　ウ. accounted　エ. achieved
   （学習院大）

Step 1 見出し語の意味と発音を確認しよう！

⏱ 目標時間 2 分

① 次の単語の意味をア〜エから選べ。

1. recognize　ア. 仮定する　イ. 評価する　ウ. 識別できる　エ. 記録する

2. prepare　ア. 扱う　イ. 準備する　ウ. 設立する　エ. 観察する

3. aspect　ア. 側面　イ. 体系　ウ. 特徴　エ. 利点

4. function　ア. 方法　イ. 機能　ウ. 範囲　エ. 構造

5. item　ア. 関連　イ. 方針　ウ. 説明　エ. 品目

6. income　ア. 収入　イ. 年金　ウ. 資産　エ. 売上

7. complex　ア. 単純な　イ. 表面的な　ウ. 詳細な　エ. 複雑な

8. necessary　ア. 目新しい　イ. 重要な　ウ. 肯定的な　エ. 必要な

② 次の日本語の意味を表す語をア〜ケから選べ。

1. 公用の　　2. 財政の　　3. 学問の　　4. 潜在的な　　5. 化学の

6. 気づいて　7. 値する　　8. 現在の　　9. デジタル方式の

ア. official　　　　イ. chemical　　　ウ. academic

エ. financial　　　オ. potential　　　カ. worth

キ. aware　　　　ク. current　　　　ケ. digital

③ 次の語の下線部の発音と同じ発音の語をア〜エから選べ。

1. m<u>e</u>dium　ア. r<u>e</u>gion　イ. expr<u>e</u>ss　ウ. c<u>e</u>ll　エ. pr<u>e</u>vent

2. n<u>o</u>vel　　ア. em<u>o</u>tion　イ. n<u>o</u>tice　ウ. pr<u>o</u>ve　エ. p<u>o</u>sitive

3. spr<u>ea</u>d　ア. ach<u>ie</u>ve　イ. tr<u>ea</u>t　ウ. f<u>ea</u>ture　エ. n<u>e</u>gative

Step 2 さらなる語い力アップを目指そう！

⏱ 目標時間 1 分

① 次の語の名詞形を答えよ。ただし人を表す語・同じつづりの語は除く。

1. mental　2. establish　3. perform　4. significant　5. suppose

② 次の語の形容詞形を答えよ。ただし -ed 形，-ing 形は除く。

1. waste　2. stress　3. character　4. advantage　5. medicine

Step 3　例文で見出し語の用法を押さえよう！

目標時間 4 分

次の各文の（　　）に適する語をア〜クから選び，全文を和訳せよ。

1. The article (　　) to Darwin's theory of evolution.
2. The teacher (　　) why John didn't attend today's class.
3. He (　　) that the country needs new energy policies.
4. He (　　) a conclusion from a series of experiments.
5. This power plant (　　) electricity to the whole city.
6. The computer company (　　) a new theory to its product designs.
7. The police (　　) for the missing person all night.
8. Nowadays, many people are (　　) their TVs to the Internet.

ア. argues　イ. connecting　ウ. drew　エ. supplies
オ. refers　カ. searched　キ. applied　ク. wondered

Challenge　入試問題に挑戦しよう！

目標時間 1 分 30 秒

次の 1 〜 3 の (　　) に入れるのに適するものを記号で答えよ。

1. 私たちは自分で気づいているよりはるかにストレスを受けている。
   We are (　　) from stress much more than we realize.
   ア. affecting　イ. receiving　ウ. suffering　エ. taking　(中央大)
2. The train was delayed on (　　) of the severe weather.
   ア. account　イ. behalf　ウ. result　エ. principle　(上智大)
3. It is (　　) that Kenta be at the station by 12:40 so he can catch his train.
   ア. needed　イ. certain　ウ. essential　エ. definite　(南山大)

Step 1　見出し語の意味とアクセントを確認しよう！

🕐 目標時間 2 分

① 次の単語の意味をア〜エから選べ。

1. achieve	ア. 確立する	イ. 準備する	ウ. 主張する	エ. 達成する
2. range	ア. 手段	イ. 範囲	ウ. 地域	エ. 観点
3. medium	ア. 中心	イ. 側面	ウ. 模範	エ. 媒体
4. account	ア. 説明	イ. 図表	ウ. 実例	エ. 方針
5. attitude	ア. 感情	イ. 節度	ウ. 態度	エ. 気分
6. industry	ア. 産業	イ. 経済	ウ. 営業	エ. 社会
7. negative	ア. 積極的な	イ. 具体的な	ウ. 否定的な	エ. 不可欠な
8. novel	ア. 複雑な	イ. 斬新な	ウ. 柔軟な	エ. 古典的な
9. essential	ア. 神秘の	イ. 暗黙の	ウ. 必要不可欠な	エ. 謙虚な

② 次の日本語の意味を表す語をア〜ケから選べ。

1. 気づく　　2. 近づく　　3. 言及する　　4. 含む　　　5. 連絡を取る

6. 減少する　7. 解く　　　8. 起こる　　　9. 獲得する

ア. contact　　　　イ. approach　　　ウ. mention

エ. gain　　　　　オ. solve　　　　　カ. contain

キ. notice　　　　ク. decline　　　　ケ. occur

③ 次の語の最も強く読まれる箇所を答えよ。

1. re-fer　　　　　　2. ad-vance　　　　　3. spe-cif-ic
　　ア　イ　　　　　　　　ア　　イ　　　　　　　ア　　イ　ウ

4. as-pect　　　　　5. sig-nif-i-cant
　　ア　イ　　　　　　　ア　イ　ウ　エ

Step 2　さらなる語い力アップを目指そう！

🕐 目標時間 1 分

① 次の語の名詞形を答えよ。ただし人を表す語・同じつづりの語は除く。

1. mobile　2. publish　3. prepare　4. survive　5. active

② 次の語の形容詞形を答えよ。ただし -ed 形，-ing 形は除く。

　　1. respect　2. method　3. region　4. cell　5. resource

Step 3　例文で見出し語の用法を押さえよう！　　⏱ 目標時間 4 分

次の各文の（　　）に適する語をア～クから選び，全文を和訳せよ。

　　1. Most Japanese do not have an (　　) to use English every day.
　　2. We have a positive (　　) of Olympic athletes.
　　3. The hurricane caused great (　　) to the city.
　　4. A wasteful use of resources has a negative (　　) on the environment.
　　5. People can easily have (　　) to the Internet these days.
　　6. He has the (　　) of checking e-mail messages at meal times.
　　7. There is a strong (　　) between unusual weather and global warming.
　　8. When we read, for (　　), we make quick eye movements.

　　ア. instance　　　イ. access　　　ウ. damage　　　エ. impact
　　オ. habit　　　　カ. image　　　　キ. link　　　　ク. opportunity

Challenge　入試問題に挑戦しよう！　　⏱ 目標時間 1 分 30 秒

次の 1 ～ 3 の（　　）に入れるのに適するものを記号で答えよ。

　　1. The novelist worked in a hospital during the war, which gave her a knowledge of medicine that later (　　) useful in her work as a crime writer.
　　　　ア. considered　イ. found　ウ. looked on as　エ. proved　（中央大）
　　2. It's quite out of (　　) for her to say such a thing.
　　　　ア. character　イ. feature　ウ. property　エ. trait　（青山学院大）
　　3. It is (　　) stating at this point that the policy is exactly the same in most other countries.
　　　　ア. short　イ. excess　ウ. over　エ. worth　（上智大）

Section 3-1
単語番号 201 ～ 300

Step 1 見出し語の意味とアクセントを確認しよう！
⏱ 目標時間 2 分

① 次の単語の意味をア〜エから選べ。

1.	represent	ア. 表す	イ. 特定する	ウ. 定義する	エ. 識別する
2.	maintain	ア. 参照する	イ. 維持する	ウ. 依存する	エ. 適応する
3.	earn	ア. 稼ぐ	イ. 消費する	ウ. 促進する	エ. 保存する
4.	option	ア. 論争	イ. 進歩	ウ. 驚異	エ. 選択
5.	section	ア. 内容	イ. 部門	ウ. 組織	エ. 地方
6.	technique	ア. 技術	イ. 工作	ウ. 戦略	エ. 戦術
7.	crime	ア. 犯罪者	イ. 事件	ウ. 裁判	エ. 罪
8.	rare	ア. 普通の	イ. 極端な	ウ. まれな	エ. 明らかな
9.	whereas	ア. 〜以来	イ. 〜によって	ウ. 〜する一方	エ. 同様に

② 次の日本語の意味を表す語をア〜ケから選べ。

1. 出席する　　2. 分類する　　3. 団結させる　4. 追い求める　5. 気づく

6. 合う　　　　7. 交換する　　8. 巻く　　　　9. 食べ物を与える

ア. sort 　　　　　　イ. attend 　　　　　ウ. observe

エ. exchange 　　　オ. feed 　　　　　　カ. wind

キ. seek 　　　　　ク. match 　　　　　ケ. unite

③ 次の語の最も強く読まれる箇所を答えよ。

1. con-duct〔動詞〕　　2. sur-vey〔動詞〕　　3. ig-nore
　　 ア　 イ 　　　　　　　 ア　　イ 　　　　　　 ア　イ

4. con-se-quence 　　5. dis-play
　　 ア　 イ 　 ウ 　　　　 ア　 イ

Step 2 さらなる語彙力アップを目指そう！
⏱ 目標時間 1 分

① 次の語と類似する意味を持つ語をア〜エから選べ。

1. hide 　　　　2. bill 　　　　3. entire 　　　4. obvious

ア. clear 　　　イ. conceal 　　ウ. check 　　　エ. whole

② 次の語の名詞形を答えよ。ただし人を表す語・同じつづりの語は除く。

　　1. associate　2. succeed　3. reflect　4. estimate　5. satisfy

Step 3　例文で見出し語の用法を押さえよう！　　⏱ 目標時間 4 分

次の各文の（　　）に適する語をア～クから選び，全文を和訳せよ。

　　1. People often follow the latest （　　） in order to look more attractive.
　　2. An extra （　　） was added when I called for the taxi in advance.
　　3. In （　　） to the other leader, he spoke directly to the people.
　　4. Women's （　　） for equal rights is still an important issue today.
　　5. The burning of fossil （　　） is partly responsible for global warming.
　　6. There is heavy （　　） on the road to the airport.
　　7. The website is now keeping （　　） of its number of visitors.
　　8. Medicine has made significant （　　） in treating serious diseases.

　　ア. struggle　　イ. track　　ウ. fuels　　エ. traffic
　　オ. charge　　カ. fashion　　キ. progress　　ク. contrast

Challenge　入試問題に挑戦しよう！　　⏱ 目標時間 1 分 30 秒

次の 1 ～ 2 の（　　）に入れるのに適するものを記号で答えよ。3 は和文に合うように（　　）内の語(句)を並べ替えよ。

　　1. Bright flowers will （　　） the attention of bees.
　　　ア. find　イ. attract　ウ. interest　エ. take　　　　（南山大）
　　2. It is important for new employees to be able to （　　） to the company culture if they want to work effectively.
　　　ア. change　イ. adapt　ウ. acquaint　エ. familiarize　（南山大）
　　3. どうやってその猫が窓を通り抜けられたか知らないが，でも通り抜けたんだ。
　　　I don't (the window / get / through / how / to / managed / the cat / know), but it did.　　　　（関西学院大）

✈ Section 3-2

単語番号 201 〜 300

Step 1 見出し語の意味と発音を確認しよう！

🕐 目標時間 2 分

① 次の単語の意味をア〜エから選べ。

1.	conduct	ア. 続ける	イ. 特定する	ウ. 指し示す	エ. 実施する
2.	decrease	ア. 調査する	イ. 減少する	ウ. 適応する	エ. 反応する
3.	promote	ア. 促進する	イ. 保持する	ウ. 寄与する	エ. 推定する
4.	strategy	ア. 概略	イ. 作法	ウ. 戦略	エ. 規範
5.	conflict	ア. 争い	イ. 犯罪	ウ. 民族	エ. 報い
6.	pollution	ア. 傾向	イ. 均衡	ウ. 闘い	エ. 汚染
7.	trend	ア. 特徴	イ. 状況	ウ. 話題	エ. 傾向
8.	urban	ア. 財政の	イ. 都市の	ウ. 法律の	エ. 公共の

② 次の日本語の意味を表す語をア〜ケから選べ。

1. 装置	2. 同僚	3. 苦痛	4. 内容	5. 目的
6. 請求書	7. 基礎	8. 話題	9. 地位	

ア. pain	イ. bill	ウ. status
エ. device	オ. aim	カ. colleague
キ. topic	ク. basis	ケ. content

③ 次の語の下線部の発音と同じ発音の語をア〜エから選べ。

1.	dou**b**t	ア. ur**b**an	イ. thum**b**	ウ. de**b**ate	エ. ha**b**it
2.	le**g**al	ア. se**c**tion	イ. e**x**tra	ウ. **g**ene	エ. re**fl**ect
3.	rewa**r**d	ア. **ch**arge	イ. univ**er**sal	ウ. **or**dinary	エ. s**ur**vey

Step 2 さらなる語い力アップを目指そう！

🕐 目標時間 1 分

① 次の語の名詞形を答えよ。ただし人を表す語・同じつづりの語は除く。

1. maintain　2. replace　3. reveal　4. cognitive　5. vast

② 次の語の形容詞形を答えよ。ただし -ed 形，-ing 形は除く。

1. ignore　2. attend　3. remove　4. race　5. attract

Step 3　例文で見出し語の用法を押さえよう！　⊘ 目標時間 4 分

次の各文の（　　）に適する語をア～クから選び，全文を和訳せよ。

1. The beachside is an（　　）place for a daily walk.
2. Taxi drivers are generally（　　）with local roads.
3. It was（　　）that the woman was innocent of the crime.
4. The man refused to join the fight for（　　）reasons.
5. $1 is almost（　　）to 100 yen.
6. His new computer software is far better than any（　　）version.
7. Children should be（　　）of their parents after a certain age.
8. My friend was（　　）to help me move into a new apartment.

ア. obvious　　イ. familiar　　ウ. previous　　エ. equal
オ. independent　カ. moral　　キ. ideal　　ク. willing

Challenge　入試問題に挑戦しよう！　⊘ 目標時間 1 分 30 秒

次の 1 ～ 3 の（　　）に入れるのに適するものを記号で答えよ。

1. When you play on a team, every member（　　）to its success or failure.
ア. brings　イ. contributes　ウ. gives　エ. helps　　　　（学習院大）
2. A: The hotel we used last spring is fully booked.
B: We'll have to consider other（　　）.
ア. problems　イ. needs　ウ. options　エ. visitors　　　（法政大）
3. The city hall is equipped with an（　　）heating and cooling system.
ア. earnest　イ. efficient　ウ. enthusiastic　エ. urgent　（立命館大）

Step 1 　見出し語の意味とアクセントを確認しよう！
⏱ 目標時間2分

① 次の単語の意味をア～エから選べ。

1. display	ア. 拒む	イ. 示す	ウ. 維持する	エ. 見なす
2. hide	ア. 取り除く	イ. 巻く	ウ. 隠す	エ. 分類する
3. desire	ア. 満足させる	イ. 促進する	ウ. 指し示す	エ. 強く望む
4. crop	ア. 作物	イ. 材料	ウ. 肥料	エ. 主食
5. gene	ア. 遺伝子	イ. 細胞	ウ. 臓器	エ. 神経
6. audience	ア. 講演者	イ. 聴衆	ウ. 参加者	エ. 審判
7. surface	ア. 表面	イ. 側面	ウ. 背後	エ. 中身
8. debate	ア. 説明	イ. 討論	ウ. 主張	エ. 交渉
9. reward	ア. 手数料	イ. 報酬	ウ. 給料	エ. 罰金

② 次の日本語の意味を表す語をア～ケから選べ。

1. 効率的な 　2. 普遍的な 　3. 追加の 　4. 一般の 　5. 極端な
6. 認知の 　7. 莫大な 　8. 理想的な 　9. 以前の

ア. efficient 　　イ. ordinary 　　ウ. vast
エ. cognitive 　　オ. universal 　　カ. previous
キ. extra 　　ク. ideal 　　ケ. extreme

③ 次の語の最も強く読まれる箇所を答えよ。

1. in-di-cate 　　　2. sat-is-fy 　　　3. con-text
　ア イ ウ 　　　　　ア イ ウ 　　　　　ア イ

4. con-cept 　　　5. bal-ance
　ア イ 　　　　　　ア イ

Step 2 　さらなる語い力アップを目指そう！
⏱ 目標時間1分

① 次の語と反対の意味を持つ語を答えよ。

1. decrease 　2. urban 　3. ancestor 　4. revolution

② 次の語の名詞形を答えよ。ただし人を表す語・同じつづりの語は除く。

1. define 2. false 3. relax 4. rare 5. actual

Step 3 例文で見出し語の用法を押さえよう！ ⏱ 目標時間 4分

次の各文の（　　）に適する語をア〜クから選び，全文を和訳せよ。

1. The police officer (　　) the man as a criminal.
2. The student (　　) to finish his report before the deadline.
3. Most people (　　) a lack of sleep with common health problems.
4. The little girl (　　) to convince her parents to buy her a toy.
5. She can (　　) to various situations thanks to her positive attitude.
6. Carbon dioxide (　　) to global climate change.
7. Babies quickly (　　) to any sound similar to their mother's heartbeat.
8. We tend to (　　) that Japanese trains always run on schedule.

ア. respond　　イ. identified　　ウ. contributes　　エ. managed
オ. associate　　カ. assume　　キ. adapt　　ク. attempted

Challenge 入試問題に挑戦しよう！ ⏱ 目標時間 1分30秒

次の 1〜3 の（　　）に入れるのに適するものを記号で答えよ。

1. I (　　) that what she said is true.
   ア. doubt　イ. hesitate　ウ. suspecting　エ. suspicious　（青山学院大）
2. In order to provide stable services, the (　　) staff made great efforts to improve their skills.
   ア. all　イ. almost　ウ. each　エ. entire　（青山学院大）
3. Wind power is clean (　　) coal power causes pollution.
   ア. without　イ. despite　ウ. whereas　エ. unlike　（東京理科大）

Step 1 見出し語の意味とアクセントを確認しよう！ ⏱ 目標時間 2 分

① 次の単語の意味をア〜エから選べ。

		ア.	イ.	ウ.	エ.
1.	adopt	採用する	適応する	操作する	結び付ける
2.	organize	準備する	拡大する	精選する	解決する
3.	flow	凍る	浮かぶ	流れる	たなびく
4.	perspective	論点	焦点	相違点	観点
5.	campaign	危機	資本	運動	寄付
6.	disaster	疫病	戦争	苦悩	災害
7.	psychology	生物学	物理学	心理学	社会学
8.	soil	土地	岩盤	地盤	肥料
9.	overseas	屋外へ	海外へ	都会へ	郊外へ

② 次の日本語の意味を表す語をア〜ケから選べ。

1. 基本的な　　2. 確固たる　　3. 総合的な　　4. 田舎の　　5. 軍の

6. 絶え間ない　7. 視覚の　　　8. 莫大（ばくだい）な　　9. 典型的な

ア. visual　　　　イ. military　　　ウ. rural

エ. firm　　　　　オ. typical　　　 カ. enormous

キ. overall　　　 ク. constant　　　ケ. fundamental

③ 次の語の最も強く読まれる箇所を答えよ。

1. e-merge　　　　　2. re-peat　　　　　3. ag-ri-cul-ture
　 ア　イ　　　　　　　 ア　イ　　　　　　　 ア　イ　ウ　エ

4. vo-cab-u-lar-y　　5. ca-pac-i-ty
　 ア　イ　ウ　エ　オ　　 ア　イ　ウ　エ

Step 2 さらなる語彙力アップを目指そう！ ⏱ 目標時間 1 分

① 次の語の名詞形を答えよ。ただし人を表す語・同じつづりの語は除く。

1. predict　2. preserve　3. refuse　4. complain　5. severe

② 次の語の形容詞形を答えよ。ただし -ed 形，-ing 形は除く。

　　1. expand　2. crisis　3. select　4. circumstance　5. wealth

Step 3　例文で見出し語の用法を押さえよう！　　⊘ 目標時間 4 分

次の各文の（　）に適する語をア〜クから選び，全文を和訳せよ。

　　1. We were （　　） in a heavy traffic jam last night.
　　2. Communication styles （　　） from culture to culture.
　　3. Her excellent writing skills （　　） her to get a good job.
　　4. We should not （　　） people by their appearance.
　　5. He is （　　） in teaching the history of Rome at a college.
　　6. People sometimes （　　） influenza with the common cold.
　　7. Robots with AI might one day be able to （　　） in childcare.
　　8. The film （　　） me, so I left the theater early.

　ア. vary　　　　イ. engaged　　ウ. bored　　　エ. participate
　オ. stuck　　　カ. confuse　　　キ. enabled　　ク. judge

Challenge　入試問題に挑戦しよう！　　⊘ 目標時間 1 分 30 秒

次の 1 〜 3 の（　）に入れるのに適するものを記号で答えよ。

　　1. I'll （　　） my stay in Japan for a few days longer.
　　　ア. expand　イ. spread　ウ. extend　エ. enlarge　　　（青山学院大）
　　2. Are you sure you are （　　） of finishing the project all by yourself?
　　　ア. capable　イ. capacity　ウ. probable　エ. proximity　（東京理科大）
　　3. Does it really hurt if a soccer player slides on （　　） grass?
　　　ア. animated　イ. artificial　ウ. physical　エ. racial　　（立命館大）

✈ Section 4-2

単語番号 301 〜 400

Step 1 見出し語の意味と発音を確認しよう！

🕐 目標時間 2 分

① 次の単語の意味をア〜エから選べ。

1. emerge　　　ア. 融合する　　イ. 現れる　　ウ. 減少する　　エ. 一致する
2. judge　　　　ア. 採点する　　イ. 判断する　ウ. 調べる　　　エ. 開発する
3. circumstance ア. 境界　　　　イ. 結果　　　ウ. 範囲　　　　エ. 状況
4. authority　　ア. 機関　　　　イ. 主義　　　ウ. 当局　　　　エ. 変異
5. atmosphere　ア. 大気　　　　イ. 蒸気　　　ウ. 冷気　　　　エ. 湿気
6. gender　　　ア. 犠牲　　　　イ. 性別　　　ウ. 遺伝子　　　エ. 慣習
7. mass　　　　ア. 身近な　　　イ. 精密な　　ウ. 総合的な　　エ. 大規模な
8. nevertheless ア. それにもかかわらず イ. 即座に　ウ. 〜だけれども エ. 同様に

② 次の日本語の意味を表す語をア〜ケから選べ。

1. 放出する　　2. 変える　　　3. 対処する　　4. 準備する　　5. 得る
6. 消費する　　7. 選ぶ　　　　8. 伸[延]ばす　9. 不平を言う

ア. shift　　　　　　イ. release　　　　ウ. address
エ. complain　　　　オ. consume　　　　カ. extend
キ. select　　　　　ク. acquire　　　　ケ. organize

③ 次の語の下線部の発音と同じ発音の語をア〜エから選べ。

1. ex_a_mine　　ア. exp_a_nd　　イ. ext_e_nd　　ウ. ex_i_st　　　エ. extr_a_
2. h_o_st　　　　ア. pr_o_fit　　　イ. fl_o_w　　　ウ. f_o_ssil　　　エ. pr_o_ve
3. conv_e_nient　ア. _e_lement　　イ. w_ea_lth　　ウ. appr_e_ciate　エ. w_e_b

Step 2 さらなる語い力アップを目指そう！

🕐 目標時間 1 分

① 次の語の形容詞形を答えよ。ただし -ed 形，-ing 形は除く。

1. trust　2. repeat　3. evolve　4. destroy　5. phenomenon

② 次の語の動詞形を答えよ。

1. origin　2. threat　3. symbol　4. analysis　5. domestic

Step 3　例文で見出し語の用法を押さえよう！　⏱ 目標時間 4 分

次の各文の（　）に適する語をア〜クから選び，全文を和訳せよ。

1. The researchers （　　） their subjects into two groups.
2. The country （　　） on military support from overseas.
3. The journalist （　　） to answer the questions about the source of the information.
4. Visitors to Florence are （　　） by its wonderful architecture and artwork.
5. The doctor （　　） me that exercising would improve my health.
6. She （　　） her little brother not to touch her PC.
7. Dubai imports sand even though it is （　　） by desert.
8. The book （　　） facts with fictions.

ア. divided　　イ. combines　　ウ. surrounded　エ. convinced
オ. struck　　カ. refused　　キ. warned　　ク. relied

Challenge　入試問題に挑戦しよう！　⏱ 目標時間 1 分 30 秒

次の 1 〜 3 の（　）に入れるのに適するものを記号で答えよ。

1. Most economists are （　　） a drop in economic growth after the increase in the consumption tax.
   ア. predicting　イ. advising　ウ. producing　エ. achieving
   （法政大）

2. The Internet （　　） people to easily access a huge amount of information.
   ア. convinces　イ. enables　ウ. requires　エ. tells　（法政大）

3. If you would prefer not to （　　） in this activity, please let me know.
   ア. act　イ. belong　ウ. participate　エ. play
   （学習院大）

Section 4-3　　単語番号 301 ～ 400

Step 1　見出し語の意味とアクセントを確認しよう！　⏰ 目標時間 2 分

① 次の単語の意味をア～エから選べ。

1. appreciate　ア. 心を打つ　　イ. 手伝う　　ウ. 頼る　　エ. 正当に評価する
2. host　　　　ア. 主催する　　イ. 楽しませる　ウ. 雇う　　エ. 参加する
3. operate　　 ア. 従事する　　イ. 操作する　ウ. 遭遇する　エ. 命令する
4. court　　　 ア. 裁判所　　　イ. 会議場　　ウ. 実験室　エ. 公会堂
5. document　 ア. 説明書　　　イ. 申込書　　ウ. 請求書　エ. 文書
6. vocabulary　ア. 用例　　　　イ. 成句　　　ウ. 語彙　エ. 段落
7. web　　　　 ア. ハチの巣　　イ. クモの巣　ウ. 群れ　エ. 昆虫
8. fossil　　　ア. 岩石　　　　イ. 墓　　　　ウ. 化石　エ. 石碑
9. profit　　　ア. 税金　　　　イ. 利益　　　ウ. 年金　エ. 費用

② 次の日本語の意味を表す語をア～ケから選べ。

1. 目標　　2. 要素　　3. 原則　　4. 個性　　5. 居住者
6. 機関　　7. 投票　　8. 光景　　9. 版

ア. vote　　　　　　イ. resident　　　　ウ. version
エ. institution　　オ. personality　　カ. target
キ. sight　　　　　ク. element　　　　ケ. principle

③ 次の語の最も強く読まれる箇所を答えよ。

1. per-spec-tive　　2. re-call　　　3. at-mos-phere
　　ア　イ　ウ　　　　ア　イ　　　　ア　イ　ウ

4. di-sas-ter　　　　5. de-sert〔名詞〕
　ア　イ　ウ　　　　　ア　イ

Step 2　さらなる語い力アップを目指そう！　⏰ 目標時間 1 分

① 次の語と類似する意味を持つ語をア～エから選べ。

1. rely　　　　2. conscious　　3. overseas　　4. nevertheless
ア. aware　　イ. depend　　ウ. nonetheless　エ. abroad

② 次の語の名詞形を答えよ。ただし人を表す語・同じつづりの語は除く。

1. acquire 2. consume 3. intelligent 4. accurate 5. typical

Step 3 例文で見出し語の用法を押さえよう！   ⏱ 目標時間 4 分

次の各文の（　　）に適する語をア〜クから選び，全文を和訳せよ。

1. Giving a smile is good （　　） when we meet someone.
2. The Internet was used to raise huge （　　） for the development of spacecraft.
3. Professor Foote gave a （　　） on economic science.
4. Japanese people have a （　　） of visiting a shrine on New Year's Day.
5. Human brains are （　　） of processing information faster than computers.
6. Many companies are making advances in （　　） intelligence.
7. Germany decided to gradually stop using （　　） energy.
8. Generally speaking, every organism has a （　　） clock.

ア. nuclear　　イ. custom　　ウ. capable　　エ. artificial
オ. funds　　カ. biological　　キ. lecture　　ク. manners

Challenge 入試問題に挑戦しよう！   ⏱ 目標時間 1 分 30 秒

次の 1 〜 3 の（　　）に入れるのに適するものを記号で答えよ。

1. Climates （　　） from country to country.
   ア. turn　イ. exchange　ウ. vary　エ. convert　　　　（青山学院大）

2. Many companies have （　　） a new policy of letting their employees dress casually even when it is not so hot.
   ア. afforded　イ. appointed　ウ. appreciated　エ. adopted
   　　　　　　　　　　　　　　　　　　　　　　　　　　　　（上智大）

3. Bill woke up this morning with a （　　） pain in his neck, and it hurts whenever he turns his head.
   ア. strict　イ. hard　ウ. severe　エ. tough　　　　　（南山大）

Step 1　見出し語の意味とアクセントを確認しよう！　⏱ 目標時間 2 分

① 次の単語の意味をア〜エから選べ。

1. intend 　　　ア. 期待する　イ. 触発する　ウ. 要請する　エ. 意図する
2. reject 　　　ア. 拒否する　イ. 区別する　ウ. 戻す　　　エ. 禁止する
3. handle 　　　ア. 手渡す　　イ. 雇う　　　ウ. 処理する　エ. 配達する
4. stock 　　　ア. 富　　　　イ. 跡　　　　ウ. 在庫品　　エ. かたまり
5. philosophy ア. 心理学　　イ. 哲学　　　ウ. 物理学　　エ. 生物学
6. notion 　　　ア. 仮説　　　イ. 要約　　　ウ. 想像力　　エ. 概念
7. capital 　　　ア. 現金　　　イ. 貸付　　　ウ. 資本　　　エ. 株式
8. humanity 　ア. 先祖　　　イ. 原始人　　ウ. 子孫　　　エ. 人類
9. somewhat 　ア. 何であれ　イ. いくぶん　ウ. 大した　　エ. どんなことでも

② 次の日本語の意味を表す語をア〜ケから選べ。

1. 地域　　　2. 存在　　　3. 器具　　　4. 哺乳動物　　5. 規範
6. 会議　　　7. 割合　　　8. (漠然と) 物　　9. 試み

ア. instrument　　　イ. proportion　　　ウ. stuff
エ. neighborhood　　オ. norm　　　　　カ. conference
キ. trial　　　　　　ク. presence　　　　ケ. mammal

③ 次の語の最も強く読まれる箇所を答えよ。

1. en-coun-ter 　　　2. dem-on-strate 　　3. com-fort
　　ア　イ　ウ　　　　　　ア　イ　ウ　　　　　　ア　イ

4. ad-ver-tise 　　　5. com-ment
　　ア　イ　ウ　　　　　　ア　イ

Step 2　さらなる語い力アップを目指そう！　⏱ 目標時間 1 分

① 次の語と類似する意味を持つ語をア〜エから選べ。

1. repair　　　2. trait　　　3. outcome　　　4. aid
ア. help　　　イ. result　　　ウ. feature　　　エ. fix

② 次の語の動詞形を答えよ。

1. facility 2. category 3. confidence 4. victim 5. multiple

Step 3 例文で見出し語の用法を押さえよう！　　　　⊘ 目標時間 4 分

次の各文の（　）に適する語をア～クから選び，全文を和訳せよ。

1. You don't always have to follow your boss's (　　　).
2. More and more people say they do not believe in (　　　).
3. My (　　　) medical checkup is coming up soon.
4. It is not easy to determine which kinds of art are (　　　) to others.
5. The dry weather has caused serious (　　　) to the crops.
6. My teeth are extremely (　　　) to cold things.
7. I have met him on two separate (　　　).
8. The opportunity to work in all careers should be equal (　　　) of gender.

ア. harm 　　　イ. sensitive 　　ウ. occasions 　　エ. annual
オ. regardless カ. religion 　　　キ. instructions ク. superior

Challenge 入試問題に挑戦しよう！　　　　⊘ 目標時間 1 分 30 秒

次の 1 ～ 3 の（　）に入れるのに適するものを記号で答えよ。

1. I can't choose between the cheesecake and the apple pie. Which do you (　　　)?
   ア. decide イ. recommend ウ. select エ. think

（南山大）

2. Our new factory is (　　　) about two miles from the river.
   ア. disturbed イ. hung ウ. located エ. scored

（立命館大）

3. When you travel, you are constantly (　　　) to new ideas.
   ア. aware イ. meet ウ. exposed エ. conscience

（東京理科大）

✈ Section 5-2

単語番号 401 ～ 500

Step 1　見出し語の意味と発音を確認しよう！

⏱ 目標時間 2 分

① 次の単語の意味をア～エから選べ。

1.	distinguish	ア. 評価する	イ. 強調する	ウ. 区別する	エ. 意図する
2.	breathe	ア. 飼育する	イ. 呼吸する	ウ. ふりをする	エ. 回復する
3.	dialect	ア. 言語	イ. 方言	ウ. 口調	エ. 口癖
4.	tip	ア. 批判	イ. 信条	ウ. 説明	エ. 助言
5.	lawyer	ア. 裁判官	イ. 陪審	ウ. 弁護士	エ. 検事
6.	laboratory	ア. 実験室	イ. 洗面所	ウ. 浴室	エ. 会議室
7.	occasion	ア. 時代	イ. 場合	ウ. 存在	エ. 種類
8.	numerous	ア. 正確な	イ. 異常な	ウ. 無礼な	エ. 非常に数の多い

② 次の日本語の意味を表す語をア～ケから選べ。

1. 多様な　　2. 狭い　　　3. 広範囲にわたる　　4. 言語の　　5. 現代の

6. 厳しい　　7. 即座の　　8. 重要な　　　9. 年1回の

ア. crucial 　　　　イ. widespread 　　　ウ. annual

エ. contemporary 　オ. strict 　　　　　　カ. linguistic

キ. immediate 　　 ク. narrow 　　　　　 ケ. multiple

③ 次の語の下線部の発音と同じ発音の語をア～エから選べ。

1.	perc<u>ei</u>ve	ア. comp<u>e</u>te	イ. sp<u>e</u>ll	ウ. pr<u>e</u>sence	エ. rej<u>e</u>ct
2.	pr<u>ai</u>se	ア. r<u>a</u>nk	イ. beh<u>a</u>ve	ウ. c<u>a</u>pital	エ. v<u>io</u>lent
3.	<u>o</u>rgan	ア. pr<u>o</u>per	イ. v<u>i</u>rtual	ウ. n<u>o</u>tion	エ. n<u>o</u>rm

Step 2　さらなる語い力アップを目指そう！

⏱ 目標時間 1 分

① 次の 1 は類似する意味，2 ～ 4 は反対の意味を持つ語を答えよ。

1. odd　　2. quantity　　3. superior　　4. civil

② 次の語の名詞形を答えよ。ただし人を表す語・同じつづりの語は除く。

1. amaze　2. deliver　3. deny　4. sufficient　5. sensitive

Step 3　例文で見出し語の用法を押さえよう！　　⊘ 目標時間4分

次の各文の（　　）に適する語をア～クから選び，全文を和訳せよ。

1. The doctor (　　) that she eat more meat and eggs.
2. I (　　) that I lost my father's favorite watch.
3. We (　　) that our new sales plan is better than our old one.
4. The song always (　　) me of the good old days.
5. Japanese farmers have (　　) to the government for protection from free trade.
6. He (　　) on walking to school by himself.
7. He (　　) that the company introduce energy-saving equipment to the office.
8. British society (　　) of a variety of cultures.

ア. consists　　イ. proposed　　ウ. appealed　　エ. recommended

オ. concluded　　カ. insisted　　キ. admitted　　ク. reminds

Challenge　入試問題に挑戦しよう！　　⊘ 目標時間1分30秒

次の1～2の（　　）に入れるのに適するものを記号で答えよ。3は（　　）内の語を並べ替えよ。

1. This machine (　　) electricity for the town.
   ア. aids　イ. deprives　ウ. dissolves　エ. generates　　（立命館大）
2. Although the man (　　) to meet his client, she did not show up.
   ア. participated　イ. appreciated　ウ. pleased　エ. intended
   　　（法政大）
3. (acting / contrary / expect / of / people / to / us / what) may seem to show that we are free.　　（一橋大）

Step 1　見出し語の意味とアクセントを確認しよう！　🕐 目標時間 2 分

① 次の単語の意味をア～エから選べ。

1. spell 　　　ア. 装飾する　　イ. 書き留める　　ウ. つづる　　　エ. 発音する

2. repair 　　ア. 提案する　　イ. 修理する　　　ウ. 変える　　　エ. 保留する

3. advertise 　ア. 支持する　　イ. 採用する　　　ウ. 宣伝する　　エ. 訴える

4. tear 　　　ア. 引きつける　イ. 引き出す　　　ウ. 引き裂く　　エ. 引き下がる

5. landscape 　ア. 地すべり　　イ. 国境　　　　　ウ. 地域　　　　エ. 風景

6. code 　　　ア. 規範　　　　イ. 意見　　　　　ウ. 組織　　　　エ. 協議

7. substance 　ア. 物質　　　　イ. 存在　　　　　ウ. 表面　　　　エ. 成分

8. virtual 　　ア. 科学の　　　イ. 仮想の　　　　ウ. 精神の　　　エ. 多様な

9. unknown 　　ア. 不明の　　　イ. 不安な　　　　ウ. 不利な　　　エ. 不和の

② 次の日本語の意味を表す語をア～ケから選べ。

1. 購入する　　2. 調査する　　3. 解決する　　4. かむ　　　　5. 生み出す

6. 援助する　　7. 賞賛する　　8. 論証する　　9. 暗に意味する

ア. bite 　　　　　　イ. purchase 　　　　ウ. generate

エ. aid 　　　　　　オ. settle 　　　　　　カ. imply

キ. praise 　　　　　ク. demonstrate 　　　ケ. explore

③ 次の語の最も強く読まれる箇所を答えよ。

1. ed-u-cate 　　　　2. cat-e-go-ry 　　　　3. in-stru-ment
　　ア イ ウ 　　　　　　ア イ ウ エ 　　　　　　ア イ　 ウ

4. lab-o-ra-to-ry 　　5. re-view
　　ア イ ウ エ オ 　　　　ア イ

Step 2　さらなる語い力アップを目指そう！　🕐 目標時間 1 分

① 次の語の名詞形を答えよ。ただし人を表す語・同じつづりの語は除く。

1. perceive 　2. civil 　3. conclude 　4. proper 　5. violent

② 次の語の形容詞形を答えよ。ただし -ed 形，-ing 形は除く。

1. behave 2. favor 3. comfort 4. tribe 5. diversity

Step 3 例文で見出し語の用法を押さえよう！ 🕐 目標時間 4 分

次の各文の（ ）に適する語をア〜クから選び，全文を和訳せよ。

1. I cannot （ ） to buy luxurious goods.
2. The library is （ ） on the main street.
3. We sometimes fail to （ ） the copies from the originals.
4. Low-cost airlines in Japan will （ ） with their rivals in Europe.
5. A magazine （ ） the hotel as the city's best.
6. The politician （ ） having made such a statement.
7. （ ） your body to sunlight increases the risk of skin cancer.
8. Doing volunteer activities can （ ） people to help others.

ア. compete イ. distinguish ウ. exposing エ. ranked
オ. afford カ. inspire キ. located ク. denied

Challenge 入試問題に挑戦しよう！ 🕐 目標時間 1 分 30 秒

次の 1 〜 2 の（ ）に入れるのに適するものを記号で答えよ。

1. Eastern Valley University （ ） of eight departments.
   ア. contains イ. combines ウ. composes エ. consists （南山大）
2. Mail carriers are expected to deliver the mail every day （ ） of the weather.
   ア. instead イ. regardless ウ. nevertheless エ. despite （南山大）

✈ Section 6-1　単語番号 501 ～ 600

Step 1　見出し語の意味とアクセントを確認しよう！　🕐 目標時間 2 分

① 次の単語の意味をア～エから選べ。

1. rush　　　ア. 混雑する　イ. 衝突する　ウ. 匹敵する　エ. 急いで行く
2. beat　　　ア. 注ぐ　　　イ. 打ち負かす　ウ. 積む　　　エ. 付ける
3. construct　ア. 建設する　イ. 整理する　ウ. 生産する　エ. 配達する
4. motion　　ア. 気分　　　イ. 動き　　　ウ. 特性　　　エ. しつけ
5. colony　　ア. 避難所　　イ. 領土　　　ウ. 出生地　　エ. 植民地
6. depression　ア. 症状　　イ. 憂うつ　　ウ. 失望　　　エ. 圧力
7. barrier　　ア. 障壁　　　イ. 光線　　　ウ. 武具　　　エ. 成分
8. treasure　ア. 宝物　　　イ. 器具　　　ウ. 宝石　　　エ. 防具
9. exact　　　ア. 明瞭な　　イ. 希少な　　ウ. 極端な　　エ. 正確な

② 次の日本語の意味を表す語をア～ケから選べ。

1. 得る　　2. 凍る　　3. 掛ける　　4. 魅了する　　5. 製造する
6. 確認する　7. 雇う　　8. 変える　　9. 段取りをつける

ア. alter　　　　イ. hang　　　　ウ. employ
エ. freeze　　　オ. obtain　　　カ. manufacture
キ. arrange　　ク. fascinate　　ケ. confirm

③ 次の語の最も強く読まれる箇所を答えよ。

1. o-ver-come　2. cel-e-brate　3. in-ter-pret
　　ア イ ウ　　　　ア イ ウ　　　　　ア イ ウ
4. trans-port〔動詞〕　5. can-di-date
　　ア　　イ　　　　　　ア イ ウ

Step 2　さらなる語い力アップを目指そう！　🕐 目標時間 1 分

① 次の語の動詞形を答えよ。

1. innovation　2. expense　3. distinct　4. stable　5. initial

② 次の語の名詞形を答えよ。ただし人を表す語・同じつづりの語は除く。

1. adjust 2. absorb 3. disappoint 4. announce 5. aggressive

Step 3 例文で見出し語の用法を押さえよう！ 目標時間 4分

次の各文の（　）に適する語をア～クから選び，全文を和訳せよ。

1. The flight attendant (　　) all the passengers to remain seated.
2. Please (　　) that your safety belts are fastened.
3. Humans (　　) from other animals mostly due to their large brains.
4. Her colleagues (　　) her success to her skill at blocking computer hackers.
5. The lawyer (　　) having been unable to help his client.
6. We often (　　) a politician for having made a careless remark.
7. John used Chinese medicine to (　　) from his injuries.
8. Ecologists study how organisms (　　) with their environment.

ア. ensure   イ. requested   ウ. credit   エ. blame
オ. regrets   カ. differ   キ. recover   ク. interact

Challenge 入試問題に挑戦しよう！ 目標時間 1分30秒

次の１～２の（　）に入れるのに適するものを記号で答えよ。３は和文に合うように（　）内の語を並べ替えよ。

1. Professor Yoshida wrote a paper that provides new (　　) into international politics.
   ア. understandings イ. insights ウ. appearances エ. theories
   （南山大）

2. As a vegetarian Susan refuses to eat any beef or chicken, but sometimes her family wishes she would be more (　　).
   ア. acceptable イ. assertive ウ. changeable エ. flexible （立教大）

3. 議長は，日本の女性労働者の現状について報告を受けることを切に望んだ。
   The chairperson earnestly (be / desired / informed / of / the / to / present) situation of Japanese female employees. （関西学院大）

39

Step 1　見出し語の意味と発音を確認しよう！

🕐 目標時間 2 分

① 次の単語の意味をア～エから選べ。

1. overcome　ア. 克服する　イ. 知覚する　ウ. 拡大する　エ. 勧める

2. celebrate　ア. 祝う　イ. 賛成する　ウ. 授与する　エ. 認める

3. cure　ア. 処理する　イ. 吸収する　ウ. 治す　エ. 集中する

4. myth　ア. 作り話　イ. 民話　ウ. 実話　エ. うわさ

5. alarm　ア. 自信　イ. 予測　ウ. 不安　エ. 拒否

6. contract　ア. 契約　イ. 妥協　ウ. 反対　エ. 交渉

7. duty　ア. 特性　イ. 義務　ウ. 才能　エ. 管理

8. budget　ア. 支出　イ. 賃金　ウ. 予算　エ. 収益

② 次の日本語の意味を表す語をア～ケから選べ。

1. 料金　　2. 民主主義　　3. 仲間　　4. 固定観念　　5. 障害

6. 規律　　7. 顧客　　8. 材料　　9. 決まり切った仕事

ア. discipline　　　　イ. fee　　　　　　ウ. fellow

エ. client　　　　　　オ. disorder　　　カ. stereotype

キ. routine　　　　　ク. ingredient　　ケ. democracy

③ 次の語の下線部の発音と同じ発音の語をア～エから選べ。

1. arr<u>a</u>nge　ア. b<u>a</u>rrier　イ. gr<u>a</u>nt　ウ. dr<u>a</u>matic　エ. <u>a</u>lien

2. de<u>b</u>t　ア. <u>ur</u>ban　イ. <u>b</u>rief　ウ. cli<u>m</u>b　エ. <u>b</u>an

3. r<u>ou</u>te　ア. ann<u>ou</u>nce　イ. m<u>oo</u>d　ウ. l<u>oa</u>n　エ. m<u>o</u>tion

Step 2　さらなる語い力アップを目指そう！

🕐 目標時間 1 分

① 次の語と類似する意味を持つ語(句)をア～エから選べ。

1. alter　　　2. ensure　　　3. weapon　　　4. physician

ア. make sure　イ. doctor　　ウ. arms　　　エ. change

② 次の語の形容詞形を答えよ。ただし -ed 形，-ing 形は除く。

　1. criticize　2. oppose　3. differ　4. corporation　5. disadvantage

Step 3　例文で見出し語の用法を押さえよう！　　　　目標時間 4 分

次の各文の（　　）に適する語をア～クから選び，全文を和訳せよ。

　1. We often （　　　） dreams as a reflection of our true thoughts.
　2. She （　　　） an English essay into French with ease.
　3. In a quiet library I can （　　　） on studying.
　4. Please （　　　） us of any change in your plan.
　5. My sister （　　　） to practice the piano every day.
　6. Solar panels （　　　） the sun's energy into electricity.
　7. Social problems may （　　　） from cultural differences.
　8. They were （　　　） with the poor service of the restaurant.

　ア. interpret　　イ. transform　　ウ. inform　　　エ. disappointed
　オ. translated　　カ. arise　　　キ. hates　　　　ク. concentrate

Challenge　入試問題に挑戦しよう！　　　　目標時間 1 分 30 秒

次の 1 ～ 2 の（　　）に入れるのに適するものを記号で答えよ。3 は和文に合う
ように（　　）内の語(句)を並べ替えよ。

　1. I'm planning to buy a new car. It's very expensive, so I
　　 hope I don't （　　　） it.
　　 ア. worry　イ. care　ウ. regret　エ. concern　　　　（南山大）
　2. John （　　　） his failure to pass the driving test on bad
　　 luck.
　　 ア. faulted　イ. blamed　ウ. claimed　エ. accused　　（南山大）
　3. 平凡な日常生活の中にも，意外な発見をして驚くことが私にはよくあります。
　　 I am often (my / discovery / to / surprised / make / even in /
　　 uneventful / an unexpected) life.　　　　　　　　　（関西学院大）

Step 1　見出し語の意味とアクセントを確認しよう！

🕐 目標時間 2 分

① 次の単語の意味をア〜エから選べ。

1. adjust 　　ア. 調整する　イ. 調査する　ウ. 修理する　エ. 証明する

2. transport 　ア. 取り付ける　イ. 輸入する　ウ. 除去する　エ. 輸送する

3. grant 　　ア. 祝う　　　イ. 頼む　　　ウ. 与える　　エ. 命じる

4. ban 　　　ア. 禁止する　イ. 確実にする　ウ. 責める　エ. 警告する

5. loan 　　　ア. 予算　　　イ. 経費　　　ウ. 貸付金　　エ. 保険

6. grain 　　　ア. 作物　　　イ. 収穫高　　ウ. 穀物　　　エ. 麦

7. physician 　ア. 医師　　　イ. 物理学者　ウ. 弁護士　　エ. 哲学者

8. welfare 　　ア. 福祉　　　イ. 見識　　　ウ. 義務　　　エ. 責任

9. distinct 　　ア. 遠い　　　イ. 手近の　　ウ. 明らかに異なる　エ. 紛らわしい

② 次の日本語の意味を表す語をア〜ケから選べ。

1. 主要な　　2. 好奇心の強い　3. 劇的な　　4. 従来の　　　5. 並はずれた

6. 簡潔な　　7. 安定した　　　8. 融通の利く　9. 思いがけない

ア. dramatic 　　　　イ. flexible 　　　　ウ. prime

エ. unexpected 　　　オ. stable 　　　　　カ. brief

キ. extraordinary 　　ク. conventional 　　ケ. curious

③ 次の語の最も強く読まれる箇所を答えよ。

1. con-cen-trate　　　2. hy-poth-e-sis　　　3. in-sight
　　ア　イ　ウ　　　　　　ア　イ　ウ　エ　　　　ア　イ

4. im-mi-gra-tion　　　5. sta-tis-tics
　　ア　イ　ウ　エ　　　　　ア　イ　ウ

Step 2　さらなる語い力アップを目指そう！

🕐 目標時間 1 分

① 次の語と反対の意味を持つ語を答えよ。

1. abstract　2. minor　3. visible　4. latter

② 次の語の名詞形を答えよ。ただし人を表す語・同じつづりの語は除く。

1. translate　2. emphasize　3. recover　4. ethnic　5. precise

Step 3　例文で見出し語の用法を押さえよう！　⏱ 目標時間 4 分

次の各文の（　　）に適する語をア～クから選び，全文を和訳せよ。

1. I am 500,000 yen in （　　） to my parents.
2. Today, I am in the （　　） for an Italian meal.
3. You need to know what to do in an （　　）.
4. A long-term defense strategy is （　　） to national security.
5. The Prime （　　）'s explanations were sometimes inconsistent.
6. Giving a tip at a restaurant is a habit （　　） to most Japanese people.
7. Young people are often （　　） about their future.
8. She tried to make an （　　） copy of the Mona Lisa.

ア. alien　　　イ. mood　　　ウ. exact　　　エ. anxious
オ. emergency　カ. Minister　キ. vital　　　ク. debt

Challenge　入試問題に挑戦しよう！　⏱ 目標時間 1 分 30 秒

次の 1 の（　　）に入れるのに適するものを記号で答えよ。2 ～ 3 は和文に合うように（　　）内の語(句)を並べ替えよ。

1. On weekends, the City Museum reduces the entrance （　　） for children.
   ア. fee　イ. fare　ウ. price　エ. cost　　　　　　　　　　　（南山大）

2. 最近鉄道事故が相次ぎ，関係者達の気のゆるみが批判されている。
   Recently railway accidents have happened one after another, (been / concerned / criticized / has / carelessness of / and / the / those).　　　　　　　　　　　　　（関西学院大）

3. 彼女がオンラインゲームに没頭していたら，突然停電した。
   She had (absorbed / been / in / online games / playing / the power / when) suddenly failed.　　　　　　　　　　（立命館大）

✈ Section 7-1　単語番号 601 ～ 700

Step 1　見出し語の意味とアクセントを確認しよう！　⏱ 目標時間 2 分

① 次の単語の意味をア～エから選べ。

1. breed　　ア. 悩ます　　　イ. もたらす　　ウ. 競う　　　　エ. 繁殖させる

2. enhance　ア. 確保する　　イ. 貸す　　　　ウ. 高める　　　エ. 促す

3. incident　ア. 出来事　　　イ. 手続き　　　ウ. 機会　　　　エ. 構成

4. burden　　ア. 成分　　　　イ. 使命　　　　ウ. 負担　　　　エ. 投資

5. bias　　　ア. 概念　　　　イ. 憶測　　　　ウ. 差別　　　　エ. 偏見

6. intense　ア. 理性的な　　イ. 強烈な　　　ウ. 異常な　　　エ. 意識的な

7. raw　　　ア. 生(なま)の　イ. 無作為の　　ウ. 低い　　　　エ. 遠い

8. evil　　　ア. 攻撃的な　　イ. 反対の　　　ウ. 十分な　　　エ. 邪悪な

9. remote　ア. 遠く離れた　イ. 主要な　　　ウ. 好奇心の強い　エ. 明瞭な

② 次の日本語の意味を表す語をア～ケから選べ。

1. 連続　　　　2. 目撃者　　　3. 手がかり　　4. 絆(きずな)　　5. こつ

6. 責任　　　　7. 対話　　　　8. 賞　　　　　9. 領土

ア. witness　　　　イ. territory　　　　ウ. award

エ. clue　　　　　オ. dialogue　　　　カ. fault

キ. sequence　　　ク. bond　　　　　　ケ. trick

③ 次の語の最も強く読まれる箇所を答えよ。

1. il-lus-trate　　　2. trans-fer 〔動詞〕　　3. ex-port 〔動詞〕
　 ア イ ウ　　　　　　　 ア　 イ　　　　　　　 ア　 イ

4. up-set 〔動詞〕　　5. so-phis-ti-cat-ed
　 ア　 イ　　　　　　　 ア　 イ　 ウ　 エ　 オ

Step 2　さらなる語い力アップを目指そう！　⏱ 目標時間 1 分

① 次の語の名詞形を答えよ。ただし人を表す語・同じつづりの語は除く。

1. abandon　2. persuade　3. impress　4. calculate　5. relevant

② 次の語の動詞形を答えよ。

1. habitat　2. cooperation　3. conservation　4. sum　5. rational

Step 3　例文で見出し語の用法を押さえよう！　⏱ 目標時間4分

次の各文の（　）に適する語をア〜クから選び，全文を和訳せよ。

1. The price of this painting is (　　) to his month's salary.
2. You need to use an appropriate (　　) of voice when you speak.
3. Foreign workers in Japan easily get access to Japanese health (　　).
4. Every year an increasing number of animals are becoming (　　).
5. The research team collects their samples using (　　) selection.
6. He is a (　　) child, so he said some silly things.
7. People took (　　) from sudden hard rain in a roofed structure.
8. British food has a (　　) for not being tasty.

ア. extinct　　　イ. equivalent　　ウ. mere　　　エ. reputation
オ. insurance　　カ. tone　　　　キ. shelter　　ク. random

Challenge　入試問題に挑戦しよう！　⏱ 目標時間1分30秒

次の1〜3の（　）に入れるのに適するものを記号で答えよ。

1. The rumor was (　　) back to a local journalist.
   ア. traced　イ. evolved　ウ. neglected　エ. retained　（東京理科大）
2. You are strongly (　　) to buy medical insurance if you are thinking of going abroad.
   ア. admired　イ. admitted　ウ. advanced　エ. advised　（立教大）
3. You are so tired you don't have the energy to (　　) your children.
   ア. cope with　イ. hold on　ウ. engage to　エ. keep up　（上智大）

✈ Section 7-2　単語番号 601 〜 700

Step 1　見出し語の意味と発音を確認しよう！

🕐 目標時間 2 分

① 次の単語の意味をア〜エから選べ。

1. stimulate　ア. 捕らえる　イ. 刺激する　ウ. 抗議する　エ. かき乱す
2. boundary　ア. 絆（きずな）　イ. 境界　ウ. 優先事項　エ. 軌道
3. therapy　ア. 療法　イ. 症状　ウ. 診断　エ. 薬剤
4. exception　ア. 例外　イ. 証明　ウ. 実体　エ. 証拠
5. meaningful　ア. 意味のある　イ. 不可欠な　ウ. 適切な　エ. 手近の
6. internal　ア. 国外の　イ. 本能の　ウ. 内部の　エ. 個体の
7. principal　ア. 明白な　イ. 必要不可欠な　ウ. 正確な　エ. 主要な
8. verbal　ア. 言葉の　イ. 文書の　ウ. 仮想の　エ. 永続的な

② 次の日本語の意味を表す語をア〜ケから選べ。

1. （外科）手術　2. 枠　3. 割引　4. 構成要素　5. （金）額
6. 優先（事項）　7. 生息地　8. 地区　9. 協力

ア. discount　　　イ. district　　　ウ. frame
エ. priority　　　オ. component　　カ. sum
キ. cooperation　ク. surgery　　　ケ. habitat

③ 次の語の下線部の発音と同じ発音の語をア〜エから選べ。

1. ease　　ア. solid　　イ. puzzle　　ウ. sequence　　エ. intense
2. launch　ア. burden　　イ. logic　　ウ. fault　　エ. monitor
3. virus　　ア. environment　イ. witness　ウ. quit　　エ. trick

Step 2　さらなる語い力アップを目指そう！

🕐 目標時間 1 分

① 次の 1 〜 2 は類似する意味，3 〜 4 は反対の意味を持つ語をア〜エから選べ。

1. permit　　2. symptom　　3. permanent　　4. absolute
ア. temporary　イ. sign　　ウ. relative　　エ. allow

② 次の語の名詞形を答えよ。ただし人を表す語・同じつづりの語は除く。

1. reserve　2. pursue　3. disturb　4. frequent　5. extinct

Step 3　例文で見出し語の用法を押さえよう！　⏱ 目標時間 4 分

次の各文の（　　）に適する語をア～クから選び，全文を和訳せよ。

1. She is (　　　) to managing her company.
2. She (　　　) at the unexpected visitor for a while.
3. He (　　　) some of his money in high-tech stocks.
4. The history of Western theater can be (　　　) back to ancient Greece.
5. The doctor (　　　) Ella to avoid eating dairy products.
6. To apply for a passport, he (　　　) his photo to the form.
7. He drove off the road and (　　　) into a tree.
8. The little girl was (　　　) by the big dog.

ア. attached　　イ. traced　　ウ. invested　　エ. frightened
オ. crashed　　カ. committed　　キ. advised　　ク. stared

Challenge　入試問題に挑戦しよう！　⏱ 目標時間 1 分 30 秒

次の 1～3 の (　　) に入れるのに適するものを記号で答えよ。

1. A: Does the music (　　　) you? Shall I turn it down?
   B: No, that's all right. In fact, I like it.
   ア. bother　イ. damage　ウ. harm　エ. matter　　　　　（学習院大）
2. The assemblyman is (　　　) misusing 2 million yen in official allowances.
   ア. doubted by　　　　イ. blamed of
   ウ. questioned by　　　エ. suspected of　　　　　　　（立教大）
3. Professor Smith has a (　　　) for being strict but fair.
   ア. reputation　イ. character　ウ. standard　エ. status　（南山大）

✈ Section 7-3　　単語番号 601 〜 700

Step 1　見出し語の意味とアクセントを確認しよう！　⏱ 目標時間 2 分

① 次の単語の意味をア〜エから選べ。

		ア	イ	ウ	エ
1.	stretch	ア. 伸ばす	イ. 運動する	ウ. 持続させる	エ. 縮む
2.	monitor	ア. 操作する	イ. 表示する	ウ. 監視する	エ. 拡大する
3.	harvest	ア. 穀物	イ. 組織	ウ. 資源	エ. 収穫
4.	patent	ア. 特権	イ. 特技	ウ. 特許	エ. 特徴
5.	trap	ア. わな	イ. ごみ	ウ. 蓄え	エ. 球
6.	predator	ア. 捕食動物	イ. 寄贈者	ウ. 聖職者	エ. 修道士
7.	solid	ア. 確実な	イ. 主要な	ウ. しっかりした	エ. 正確な
8.	tropical	ア. 情熱の	イ. 熱帯の	ウ. 評判の	エ. 純粋な
9.	forth	ア. 前へ	イ. 後ろへ	ウ. 上へ	エ. 下へ

② 次の日本語の意味を表す語をア〜ケから選べ。

1. やめる　　2. 悩ます　　3. 当惑させる　4. 調査する　　5. 説明する

6. かき乱す　7. 計算する　8. 軽減する　　9. 開始する

ア. puzzle　　　　　イ. calculate　　　　ウ. quit

エ. illustrate　　　　オ. ease　　　　　　カ. launch

キ. disturb　　　　　ク. investigate　　　ケ. bother

③ 次の語の最も強く読まれる箇所を答えよ。

1. pur-sue
　　 ア　イ

2. con-vey
　　 ア　イ

3. rel-e-vant
　　 ア　イ　ウ

4. dis-trict
　　 ア　イ

5. e-quiv-a-lent
　 ア　イ　ウ　エ

Step 2　さらなる語い力アップを目指そう！　⏱ 目標時間 1 分

① 次の語と反対の意味を持つ語を答えよ。

1. import　2. minimum　3. honor　4. rude

② 次の語の形容詞形を答えよ。ただし -ed 形，-ing 形は除く。

1. capture　2. rent　3. priority　4. territory　5. logic

Step 3　例文で見出し語の用法を押さえよう！　⏱ 目標時間 4 分

次の各文の（　　）に適する語をア〜クから選び，全文を和訳せよ。

1. Life is decided by how you （　　） to what happens to you.
2. Most of the audience （　　） with the speaker's opinions.
3. I managed to （　　） her to accept our offer.
4. I have no idea how to （　　） with this problem.
5. The guard didn't （　　） us to enter the building.
6. I was （　　） by the beautiful view from the top of the mountain.
7. I （　　） that she told a lie.
8. We must figure out measures to （　　） crime from society.

ア. impressed　イ. eliminate　ウ. permit　エ. suspect
オ. disagreed　カ. cope　キ. persuade　ク. react

Challenge　入試問題に挑戦しよう！　⏱ 目標時間 1 分 30 秒

次の 1 〜 3 の（　　）に入れるのに適するものを記号で答えよ。

1. The disease extended into the （　　） mountainous areas of neighboring countries.
   ア. spread　イ. remote　ウ. flat　エ. customized　　（学習院女子大）
2. You may not park here. This space is （　　） for residents.
   ア. revised　イ. reserved　ウ. received　エ. resigned　　（法政大）
3. Once you have installed the software, you cannot return it to the shop. There is no （　　） to this rule.
   ア. permission　イ. denying　ウ. exception　エ. opposition
   　　（南山大）

Step 1 見出し語の意味とアクセントを確認しよう!

🔽 目標時間 2 分

① 次の単語の意味をア～エから選べ。

1.	melt	ア. 凍る	イ. 流れる	ウ. 進化する	エ. 溶ける
2.	retire	ア. 抵抗する	イ. 成し遂げる	ウ. 怠る	エ. 引退する
3.	assist	ア. 配属する	イ. 伸ばす	ウ. 抵抗する	エ. 援助する
4.	tissue	ア. 組織	イ. 皮ふ	ウ. たんぱく質	エ. 細胞
5.	row	ア. 層	イ. 列	ウ. 行	エ. 音
6.	mission	ア. 責務	イ. 使命	ウ. 出来事	エ. 見識
7.	haven	ア. 拘置所	イ. 研修室	ウ. 避難所	エ. 洗面所
8.	glacier	ア. 銀河	イ. 雪崩	ウ. 氷結	エ. 氷河
9.	via	ア. 同時に	イ. おおよそ	ウ. ～経由で	エ. ～どおりに

② 次の日本語の意味を表す語をア～ケから選べ。

1. 仲介者   2. 犠牲   3. 手段   4. 集まり   5. (競技) 連盟

6. 警備員   7. ちらっと見ること   8. 霊長目の動物   9. 読み書きの能力

ア. sacrifice   イ. agent   ウ. league

エ. guard   オ. literacy   カ. session

キ. means   ク. primate   ケ. glance

③ 次の語の最も強く読まれる箇所を答えよ。

1. pos-sess
   ア イ

2. im-i-tate
   ア イ ウ

3. op-po-nent
   ア イ ウ

4. plat-form
  ア イ

5. se-cure
  ア イ

Step 2 さらなる語い力アップを目指そう!

🔽 目標時間 1 分

① 次の語と類似する意味を持つ語をア～エから選べ。

1. acknowledge   2. specialize   3. globe   4. prejudice

ア. earth   イ. admit   ウ. major   エ. bias

② 次の語の形容詞形を答えよ。ただし -ed 形，-ing 形は除く。

　　1. dominate　2. restrict　3. scare　4. wisdom　5. profession

Step 3　例文で見出し語の用法を押さえよう！　　⊘ 目標時間 4 分

次の各文の （　　）に適する語をア〜クから選び，全文を和訳せよ。

　　1. We need not be （　　）about what we don't know.
　　2. Low interest rates （　　）people from putting money in a bank.
　　3. The doctor （　　）the patient to stop eating sweets.
　　4. The secretary always （　　）the president on business trips.
　　5. She was （　　）from walking all day.
　　6. He （　　）his success in business to good luck.
　　7. I know I （　　）you $30 in total.
　　8. University professors often （　　）their students group work activities.

　　ア. owe　　　　　イ. urged　　　　　ウ. assign　　　エ. exhausted
　　オ. attributed　カ. embarrassed　キ. discourage　ク. accompanies

Challenge　入試問題に挑戦しよう！　　⊘ 目標時間 1 分 30 秒

次の 1 〜 2 の（　　）に入れるのに適するものを記号で答えよ。3 は和文に合うように（　　）内の語(句)を並べ替えよ。

　　1. I'll （　　）you my car for the weekend.
　　　ア. borrow　イ. charge　ウ. lend　エ. owe　　　　　　　（明治大）
　　2. Scott （　　）the urge to eat the last piece of pie.
　　　ア. resisted　イ. challenged　ウ. held　エ. ended　　　　（南山大）
　　3. 毎学期，教員を評価する機会が与えられている。
　　　Every semester we (are / evaluate / given / instructors / our / the opportunity / to).　　　　　　　　　　　　　（立命館大）

Section 8-2　単語番号 701 ～ 800

Step 1　見出し語の意味と発音を確認しよう！　🕐 目標時間 2 分

① 次の単語の意味をア〜エから選べ。

		ア	イ	ウ	エ
1.	declare	ア. 説得する	イ. 認める	ウ. 宣言する	エ. 開始する
2.	secure	ア. 保管する	イ. 宣言する	ウ. 説得する	エ. 確保する
3.	opponent	ア. 編集者	イ. 代理人	ウ. 相手	エ. 目撃者
4.	divorce	ア. 離婚	イ. 退却	ウ. 引退	エ. 窃盗
5.	inequality	ア. 不具合	イ. 不平等	ウ. 不一致	エ. 不安
6.	sector	ア. 部門	イ. 部隊	ウ. 範囲	エ. 郡
7.	layer	ア. 階段	イ. 層	ウ. 手段	エ. 列
8.	guideline	ア. 戦略	イ. 列	ウ. 中心	エ. 指針

② 次の日本語の意味を表す語をア〜ケから選べ。

1. 芸術的な　　2. 第一級の　　3. 連邦(政府)の　4. 原始的な　　5. 不慣れな

6. 文学の　　　7. 海の　　　　8. 一時的な　　9. 信じられない

ア. unfamiliar　　　イ. federal　　　　ウ. temporary

エ. incredible　　　オ. primitive　　　カ. artistic

キ. classic　　　　　ク. literary　　　　ケ. marine

③ 次の語の下線部の発音と同じ発音の語をア〜エから選べ。

1.	b<u>u</u>ry	ア. <u>e</u>ditor	イ. j<u>u</u>stice	ウ. s<u>u</u>btle	エ. r<u>oy</u>al
2.	heritage	ア. gl<u>a</u>cier	イ. <u>e</u>ndanger	ウ. ass<u>i</u>st	エ. collapse
3.	prot<u>ei</u>n	ア. pl<u>ai</u>n	イ. v<u>i</u>a	ウ. m<u>e</u>lt	エ. m<u>ea</u>ns

Step 2　さらなる語い力アップを目指そう！　🕐 目標時間 1 分

① 次の 1 は類似する意味，2 〜 4 は反対の意味を持つ語を答えよ。

1. fortune　2. discourage　3. concrete　4. adequate

② 次の語の動詞形を答えよ。

  1. liquid 2. usage 3. liberal 4. apparent 5. pure

Step 3　例文で見出し語の用法を押さえよう！　⏰目標時間4分

次の各文の（　　）に適する語をア～クから選び，全文を和訳せよ。

1. He seems to be (　　) to go out and try new things.
2. Many people in the U.S. enjoy more than forty TV (　　).
3. Rebecca felt (　　) about lying to her friend.
4. I felt a (　　) pain in my right ankle.
5. The American economy seems to be dominated by the business (　　).
6. The automobile industry is developing a new electric (　　).
7. Many visitors to New York are (　　) to go to Broadway musicals.
8. Many consumers believe that there is a close (　　) between price and quality.

ア. correlation イ. guilty   ウ. motor   エ. slight
オ. reluctant   カ. elite   キ. eager   ク. channels

Challenge　入試問題に挑戦しよう！　⏰目標時間1分30秒

次の1～3の（　　）に入れるのに適するものを記号で答えよ。

1. The president is waiting for you in her office, so please (　　) me.
   ア. accompany　イ. acquire　ウ. analyze　エ. arrange　（立命館大）
2. I (　　) this to lack of foresight on the part of the committee.
   ア. attribute　イ. devote　ウ. offer　エ. register　（上智大）
3. Last week, I forgot to take my wallet to school and borrowed 1,000 yen from Yumiko. I still (　　) her that.
   ア. rent　イ. owe　ウ. loan　エ. lend　（立教大）

Step 1　見出し語の意味とアクセントを確認しよう！

🕐 目標時間 2 分

① 次の単語の意味をア〜エから選べ。

1.	detect	ア. 感知する	イ. 計算する	ウ. 査定する	エ. 制限する
2.	assign	ア. 着手する	イ. 査定する	ウ. 割り当てる	エ. 構成する
3.	protein	ア. たんぱく質	イ. 脂肪	ウ. 炭水化物	エ. 栄養
4.	editor	ア. 仲介者	イ. 居住者	ウ. 編集者	エ. 講演者
5.	justice	ア. 優先	イ. 公正	ウ. 免許	エ. 運命
6.	license	ア. 免許証	イ. 修了証	ウ. 請求書	エ. 保証書
7.	subtle	ア. 一時的な	イ. 微妙な	ウ. 頻繁な	エ. 具体的な
8.	plain	ア. 複雑な	イ. 略式の	ウ. 定番の	エ. 明らかな
9.	royal	ア. 王の	イ. 誠実な	ウ. 連邦の	エ. 芸術の

② 次の日本語の意味を表す語をア〜ケから選べ。

1. 所有している　2. 評価する　　3. 崩壊する　　4. 改革する　　5. まねる

6. 埋める　　　7. 恥ずかしい思いをさせる　　8. 疲れ果てさせる　　9. おびえさせる

ア. evaluate　　　　イ. scare　　　　　ウ. embarrass

エ. imitate　　　　オ. reform　　　　　カ. bury

キ. possess　　　　ク. exhaust　　　　ケ. collapse

③ 次の語の最も強く読まれる箇所を答えよ。

1. sus-tain
　　ア　イ

2. guar-an-tee
　　ア　イ　ウ

3. ne-glect
　　ア　イ

4. ma-rine
　　ア　イ

5. con-test〔名詞〕
　　ア　イ

Step 2　さらなる語い力アップを目指そう！

🕐 目標時間 1 分

① 次の語と反対の意味を持つ語をア〜エから選べ。

1. lend　　　　2. literary　　　　3. reluctant　　　　4. temporary

ア. permanent　　イ. borrow　　　ウ. willing　　　エ. colloquial

② 次の語の名詞形を答えよ。ただし人を表す語・同じつづりの語は除く。

1. admire　2. annoy　3. accomplish　4. resist　5. eager

Step 3　例文で見出し語の用法を押さえよう！　⏱目標時間4分

次の各文の（　　）に適する語をア〜クから選び，全文を和訳せよ。

1. She has（　　）a lot of her time to the team's project.
2. The country has（　　）itself from the rest of the world.
3. Water pollution can（　　）people's health.
4. His company（　　）in the importing of medical equipment.
5. She closed her eyes and（　　）to be asleep.
6. He got angry and（　　）his attitude completely.
7. She（　　）her mother in appearance.
8. He（　　）against the board's decision to close the Osaka office.

ア. endanger　イ. isolated　ウ. resembles　エ. devoted
オ. reversed　カ. protested　キ. pretended　ク. specializes

Challenge　入試問題に挑戦しよう！　⏱目標時間1分30秒

次の1〜3の（　　）に入れるのに適するものを記号で答えよ。

1. Sue（　　）having seen the car accident but couldn't really explain what had happened.
   ア. permitted　イ. agreed　ウ. acknowledged　エ. believed

（南山大）

2. Please read the course（　　）carefully.
   ア. dandelions　イ. deficits　ウ. guidelines　エ. nomads

（立命館大）

3. We have been given（　　）financial resources to launch a new business.
   ア. ashamed　イ. adequate　ウ. adverse　エ. aggressive

（関西学院大）

Part 2

常に試験に出る
重要単語

700語

Step 1 見出し語の意味とアクセントを確認しよう！ ⏱ 目標時間 2 分

① 次の単語の意味をア〜エから選べ。

1. command ア. 警告する イ. さらす ウ. 命じる エ. 捨てる
2. embrace ア. 展示する イ. 受け入れる ウ. 構成する エ. まねる
3. ruin ア. 埋める イ. 曲げる ウ. だめにする エ. 密閉する
4. peer ア. 感知する イ. 非難する ウ. 負かす エ. じっと見る
5. deserve ア. 述べる イ. 拒否する ウ. 喜ばせる エ. 値する
6. architecture ア. 器具 イ. 建築 ウ. 形態 エ. 連続
7. instinct ア. 見込み イ. 運命 ウ. 本能 エ. 勇気
8. span ア. 期間 イ. 時代 ウ. 時期 エ. 期限
9. likewise ア. 即座に イ. 懸命に ウ. 比較的 エ. 同様に

② 次の日本語の意味を表す語をア〜ケから選べ。

1. 粗い 2. 不愉快な 3. 耳が聞こえない 4. 体を使う 5. 機械の
6. 余分の 7. 集団の 8. 避けられない 9. 重大な

ア. rough イ. collective ウ. mechanical
エ. profound オ. spare カ. manual
キ. unpleasant ク. deaf ケ. inevitable

③ 次の語の最も強く読まれる箇所を答えよ。

1. dis-trib-ute
    ア イ ウ
2. reg-is-ter
   ア イ ウ
3. en-thu-si-asm
   ア イ ウ エ
4. or-bit
  ア イ
5. in-ter-rupt 〔動詞〕
  ア イ ウ

Step 2 さらなる語い力アップを目指そう！ ⏱ 目標時間 1 分

① 次の語と類似する意味を持つ語（句）をア〜エから選べ。

1. defeat 2. endure 3. precious 4. genuine
ア. put up with イ. valuable ウ. authentic エ. beat

② 次の語の名詞形を答えよ。ただし人を表す語・同じつづりの語は除く。

1. assess　2. immune　3. frustrate　4. casual　5. steady

Step 3　例文で見出し語の用法を押さえよう！　⏱ 目標時間4分

次の各文の（　　）に適する語をア～クから選び，全文を和訳せよ。

1. Jane's parents （　　） of her studying abroad.
2. My friend （　　） that she was amazed by the fireworks.
3. Heat waves （　　） a great health risk to elderly people.
4. He always （　　） his neighbors in a friendly way.
5. Sales of new cars helped （　　） the nation's economy.
6. The number of players on both sides should （　　） with the other.
7. The country wants to （　　） greater control on immigration.
8. The student was （　　） for his poor behavior.

ア. correspond　イ. approved　ウ. punished　エ. greets
オ. boost　カ. pose　キ. impose　ク. remarked

Challenge　入試問題に挑戦しよう！　⏱ 目標時間1分30秒

次の１～２の（　　）に入れるのに適するものを記号で答えよ。３は和文に合うように（　　）内の語を並べ替えよ。

1. The question of whether Hamlet was really mad has （　　） critics for generations.
   ア. broken　イ. starved　ウ. occupied　エ. run　（上智大）

2. I've just heard that the library is going to be （　　） into an art gallery.
   ア. replaced　イ. converted　ウ. reformed　エ. created　（南山大）

3. その電器店は在庫一掃セールをして，売れ残りを処分した。
   The electrical shop (a / clearance / get / held / rid / sale / to) of old stock.　（立命館大）

Part 2 常に試験に出る重要単語 700 語

Section 9-2

単語番号 801 ～ 900

英単語ターゲット 1900［6訂版］
p.228 ～ 251

解答・解説編 p.27

Step 1　見出し語の意味と発音を確認しよう！

🕐 目標時間 2 分

① 次の単語の意味をア～エから選べ。

		ア.	イ.	ウ.	エ.
1.	distribute	説明する	分配する	輸送する	同行する
2.	defeat	伸ばす	負かす	疑う	屈服する
3.	interrupt	記録する	構成する	中断させる	引き起こす
4.	ritual	神話	儀式	地域	義務
5.	prefecture	州	県	郊外	郡
6.	chip	小片	秘訣	料金	段階
7.	flavor	風味	素材	外観	触感
8.	harsh	賢明な	勇敢な	緊急の	厳しい

② 次の日本語の意味を表す語をア～ケから選べ。

1. 方式　　　2. 小惑星　　3. 核心　　　4. 食料雑貨　　5. 見込み

6. (草木の) 茎　7. 干ばつ　8. 部分　　　9. 管理 (部)

ア. portion　　　　イ. drought　　　　ウ. administration
エ. prospect　　　オ. asteroid　　　　カ. stem
キ. core　　　　　ク. mode　　　　　ケ. grocery

③ 次の語の下線部の発音と同じ発音の語をア～エから選べ。

1. deserve　　ア. sake　　イ. resolve　　ウ. casual　　エ. pension
2. soul　　　　ア. pose　　イ. drought　　ウ. council　　エ. profound
3. ultimate　　ア. immune　イ. frustrate　ウ. boost　　エ. approve

Step 2　さらなる語い力アップを目指そう！

🕐 目標時間 1 分

① 次の語の名詞形を答えよ。ただし人を表す語・同じつづりの語は除く。

1. relieve　2. wed　3. prohibit　4. exhibit　5. mature

② 次の語の形容詞形を答えよ。ただし -ed 形，-ing 形は除く。

1. delight　2. defend　3. nerve　4. infection　5. humor

Step 3　例文で見出し語の用法を押さえよう！　⏱ 目標時間 4 分

次の各文の（　　）に適する語をア～クから選び，全文を和訳せよ。

1. I didn't know that the word （　　） from Greek.
2. The city plans to （　　） the library into an art gallery.
3. During the economic crisis, the government （　　） some companies from bankruptcy.
4. The dentist got （　　） of the pain in my tooth.
5. The committee is （　　） of six experts in different fields.
6. A coworker had （　　） her instructions and made a mistake.
7. Freedom of expression will lead people to （　　） diversity.
8. His excellent performance in the exams （　　） him for a scholarship.

ア. rescued　　　　イ. qualified　　ウ. embrace　　エ. convert
オ. misunderstood　カ. composed　　キ. rid　　　　ク. derives

Challenge　入試問題に挑戦しよう！　⏱ 目標時間 1 分 30 秒

次の 1 ～ 3 の（　　）に入れるのに適するものを記号で答えよ。

1. Bob realized that he had made a mistake on the committee report, so he （　　） for the error.
   ア. admitted　イ. regretted　ウ. apologized　エ. excused　（南山大）
2. It's a （　　） that he cannot be proud of his brother.
   ア. tame　イ. blame　ウ. frame　エ. chime　オ. shame　（東京理科大）
3. The poor result was （　　） since we didn't make any effort.
   ア. festive　イ. inevitable　ウ. prosperous　エ. vivid　（立命館大）

Step 1　見出し語の意味とアクセントを確認しよう！　⊙ 目標時間 2 分

① 次の単語の意味をア～エから選べ。

1. exhibit　　ア. 口論する　イ. 示す　　ウ. 表現する　エ. 引用する
2. apologize　ア. 挨拶する　イ. 批評する　ウ. 謝る　　エ. 交渉する
3. relieve　　ア. 和らげる　イ. 満たす　　ウ. 賛成する　エ. もたらす
4. register　　ア. 清算する　イ. 記録する　ウ. 解決する　エ. 構成する
5. orbit　　　ア. 回転　　イ. 重力　　ウ. 半球　　エ. 軌道
6. illusion　　ア. 繁栄　　イ. 錯覚　　ウ. 魔法　　エ. 想像
7. shame　　ア. 恥　　イ. 誇り　　ウ. 情熱　　エ. 精神
8. council　　ア. 政府　　イ. 自治体　ウ. 議会　　エ. 大会
9. recipe　　ア. メニュー　イ. 調理法　ウ. 調味料　エ. 料理

② 次の日本語の意味を表す語をア～ケから選べ。

1. もたらす　2. ひょいと動く　3. 積み重ねる　4. 評価する　5. 占める
6. 喜ばせる　7. 防御する　8. 修正する　9. 結婚する

ア. delight　　イ. yield　　ウ. wed
エ. occupy　　オ. defend　　カ. pop
キ. assess　　ク. pile　　ケ. modify

③ 次の語の最も強く読まれる箇所を答えよ。

1. man-u-al　　2. in-stant　　3. lux-u-ry
　ア イ ウ　　　　ア イ　　　　ア イ ウ
4. ob-sta-cle　　5. cur-ric-u-lum
　ア イ ウ　　　　ア イ ウ エ

Step 2　さらなる語い力アップを目指そう！　⊙ 目標時間 1 分

① 次の語と反対の意味を持つ語をア～エから選べ。

1. Arctic　　2. optimistic　3. generous　4. mature
ア. stingy　　イ. immature　ウ. pessimistic　エ. Antarctic

62

② 次の語の形容詞形を答えよ。ただし -ed 形，-ing 形は除く。

1. remark 2. resolve 3. passion 4. faith 5. courage

Step 3 例文で見出し語の用法を押さえよう！ ⏱ 目標時間 4 分

次の各文の（　　）に適する語をア〜クから選び，全文を和訳せよ。

1. The discussions are currently entering a new (　　).
2. I gave up smoking for the (　　) of my health.
3. Newton's theory of (　　) was greatly influenced by Kepler's ideas.
4. She goes to the shopping (　　) almost every weekend.
5. Pigeons know by (　　) how to return to their places of birth.
6. Students need a clear (　　) to study.
7. It is necessary to deal with (　　) against women.
8. A large (　　) of the United States population reads e-books.

ア. portion   イ. sake   ウ. instinct   エ. phase
オ. gravity   カ. discrimination   キ. incentive   ク. mall

Challenge 入試問題に挑戦しよう！ ⏱ 目標時間 1 分 30 秒

次の 1 〜 3 の (　　) に入れるのに適するものを記号で答えよ。

1. A: Please turn down the music. It's getting on my (　　).
   B: Oh, sorry.
   ア. brain イ. ears ウ. mind エ. nerves　　　　　　　（法政大）
2. I cannot (　　) this pain much longer.
   ア. embarrass イ. endure ウ. recite エ. resemble　（立命館大）
3. This is a "smoke-free area," so smoking has been completely (　　) in this section.
   ア. disturbed イ. prohibited ウ. encouraged エ. permitted
   　　　　　　　　　　　　　　　　　　　　　　　　　（関西学院大）

✈ Section 10-1　単語番号 901 ～ 1000

Step 1　見出し語の意味とアクセントを確認しよう！　⊘ 目標時間 2 分

① 次の単語の意味をア～エから選べ。

1. justify	ア. 議論する	イ. 解決する	ウ. 押し付ける	エ. 正当化する
2. float	ア. 溶ける	イ. 花が咲く	ウ. 流れる	エ. 浮かぶ
3. confront	ア. 立ち向かう	イ. 耐える	ウ. 注意を引く	エ. 受け入れる
4. wound	ア. 神経	イ. 傷	ウ. 症状	エ. 組織
5. trail	ア. 小道	イ. 坂	ウ. 谷	エ. 頂上
6. mixture	ア. 混合物	イ. 比率	ウ. 分離	エ. 交換
7. stroke	ア. 症状	イ. 脳卒中	ウ. 伝染病	エ. 心臓病
8. dimension	ア. 断面	イ. 表面	ウ. 側面	エ. 内面
9. metaphor	ア. 進化	イ. 隠喩	ウ. 特技	エ. 繁栄

② 次の日本語の意味を表す語をア～ケから選べ。

1. 追跡する　　2. 上下に動く　　3. 養う　　4. 規制する　　5. 傾く

6. 折り畳む　　7. 据えつける　　8. 超える　　9. 告訴する

ア. mount	イ. lean	ウ. fold
エ. bob	オ. sue	カ. chase
キ. regulate	ク. exceed	ケ. cultivate

③ 次の語の最も強く読まれる箇所を答えよ。

1. pro-nounce
　　ア　イ

2. en-ter-tain
　　ア　イ　ウ

3. an-tic-i-pate
　　ア　イ　ウ　エ

4. sub-mit
　　ア　イ

5. un-der-go
　　ア　イ　ウ

Step 2　さらなる語い力アップを目指そう！　⊘ 目標時間 1 分

① 次の語の名詞形を答えよ。ただし人を表す語・同じつづりの語は除く。

1. prominent　2. cruel　3. restore　4. reproduce　5. classify

② 次の語の動詞形を答えよ。

1. formation　2. vaccine　3. maximum　4. neutral　5. urgent

Step 3　例文で見出し語の用法を押さえよう！　⏱ 目標時間 4 分

次の各文の（　）に適する語をア〜クから選び，全文を和訳せよ。

1. （　　　）candidates can sometimes be elected.
2. （　　　）respect is the key to a successful relationship.
3. The police officers are now（　　　）to the rising crime in the area.
4. Penguins are well adapted to the environment in the （　　　）regions.
5. Ken is（　　　）both in English and Japanese.
6. His disease is（　　　）to his eating habits.
7. Some power plants are（　　　）to hacking.
8. He is（　　　）to gather information about the new company.

ア. fluent　　　イ. radical　　　ウ. polar　　　エ. alert

オ. unrelated　　カ. vulnerable　　キ. mutual　　　ク. keen

Challenge　入試問題に挑戦しよう！　⏱ 目標時間 1 分 30 秒

次の 1 〜 3 の（　）に入れるのに適するものを記号で答えよ。

1. More than half the college seniors who worked 21 or more hours a week said their work schedule（　　　）with their studies.
   ア. interfered　イ. advantaged　ウ. facilitated　エ. prevented

   （昭和女子大）

2. A: Thank you for your help. I think I understand what to do now.

   B: You're welcome. If you have any questions, please don't（　　　）to ask.

   ア. expect　イ. have　ウ. hesitate　エ. want　（学習院大）

3. Let's walk and save the bus（　　　）.

   ア. fee　イ. bill　ウ. fare　エ. ticket　（群馬大）

Step 1　見出し語の意味と発音を確認しよう！　⊗ 目標時間 2 分

① 次の単語の意味をア〜エから選べ。

1.	entertain	ア. 楽しませる	イ. 貢献する	ウ. 満足させる	エ. 援助する
2.	slip	ア. 登る	イ. 滑る	ウ. 沈む	エ. 転がる
3.	sibling	ア. いとこ	イ. きょうだい	ウ. おい	エ. めい
4.	mill	ア. 鉄工所	イ. 託児所	ウ. 製造工場	エ. 画廊
5.	ratio	ア. 総意	イ. 段階	ウ. 平等	エ. 比率
6.	skeleton	ア. 筋肉	イ. 骨格	ウ. 神経	エ. 臓器
7.	privilege	ア. 優先	イ. 階級	ウ. 特権	エ. 権力
8.	ambition	ア. 願望	イ. 努力	ウ. 情熱	エ. 計画

② 次の日本語の意味を表す語をア〜ケから選べ。

1. 相当する物　2. 神経単位　3. 図　4.（専門家の）一団　5. 抗生物質
6. 労働人口　7. 運命　8. 筋書き　9.（乗り物の）料金

ア. workforce	イ. antibiotic	ウ. neuron
エ. fate	オ. scenario	カ. panel
キ. fare	ク. chart	ケ. counterpart

③ 次の語の下線部の発音と同じ発音の語をア〜エから選べ。

1.	w<u>a</u>nder	ア. gr<u>a</u>b	イ. p<u>u</u>mp	ウ. b<u>o</u>b	エ. g<u>a</u>laxy
2.	f<u>o</u>lk	ア. <u>e</u>cology	イ. str<u>o</u>ke	ウ. <u>aw</u>ful	エ. w<u>ou</u>nd
3.	abu<u>se</u>〔名詞〕	ア. dimen<u>s</u>ion	イ. tran<u>s</u>ition	ウ. cha<u>se</u>	エ. pau<u>se</u>

Step 2　さらなる語い力アップを目指そう！　⊗ 目標時間 1 分

① 次の 1 〜 2 は類似する意味，3 〜 4 は反対の意味を持つ語をア〜エから選べ。

1. modest	2. nonetheless	3. vice	4. spiritual
ア. material	イ. humble	ウ. virtue	エ. nevertheless

② 次の語の名詞形を答えよ。ただし人を表す語・同じつづりの語は除く。

　　1. sue　2. pronounce　3. retain　4. fluent　5. passive

Step 3　例文で見出し語の用法を押さえよう！　　⏱目標時間 4 分

次の各文の（　　）に適する語をア〜クから選び，全文を和訳せよ。

1. He （　　） some tea into a cup.
2. Deep in thought, he continued to （　　） at the ocean.
3. He （　　） his truck with camping gear.
4. He （　　） honey for sugar in the recipe.
5. The church should not （　　） in politics.
6. In the hearing, the politician （　　） her actions.
7. The doctor （　　） the patient's body using a machine.
8. This device is used to （　　） oxygen into a patient's body.

　ア. substituted　イ. loaded　　　ウ. poured　　　エ. scanned
　オ. interfere　　カ. gaze　　　　キ. justified　　ク. pump

Challenge　入試問題に挑戦しよう！　　⏱目標時間 1 分 30 秒

次の 1 〜 3 の（　　）に入れるのに適するものを記号で答えよ。

1. 面接では，予想しなかった質問をされた。
   At the interview, I was asked a question that I had not （　　）.
   　ア. accepted　イ. amended　ウ. anticipated　エ. approved
   　　　　　　　　　　　　　　　　　　　　　　　　　　　　（中央大）

2. The student failed （　　） the paper due this afternoon. I am afraid I will have to fail him.
   　ア. and did　イ. bringing　ウ. but writing　エ. to submit
   　　　　　　　　　　　　　　　　　　　　　　　　　　　　（明治大）

3. Luke has a terrible cold. He should （　　） a doctor.
   　ア. check　イ. inquire　ウ. consult　エ. confirm　　（南山大）

Step 1　見出し語の意味とアクセントを確認しよう！　⏱ 目標時間2分

① 次の単語の意味をア～エから選べ。

1. consult　　ア. 相談する　イ. 引用する　ウ. 分類する　エ. 交渉する
2. scan　　　ア. 走査する　イ. 書き写す　ウ. 暗に意味する　エ. 混乱させる
3. grab　　　ア. 眺める　　イ. 保持する　ウ. うなずく　　エ. つかむ
4. charm　　 ア. 好み　　　イ. 冷淡　　　ウ. 敬意　　　　エ. 魅力
5. galaxy　　ア. 星雲　　　イ. 重力　　　ウ. 小惑星　　　エ. 地球
6. ecology　 ア. 経済学　　イ. 生理学　　ウ. 環境学　　　エ. 生態学
7. sensation ア. 性格　　　イ. 気質　　　ウ. 感覚　　　　エ. 好み
8. transition ア. 交通　　　イ. 翻訳　　　ウ. 輸送　　　　エ. 移り変わり
9. mineral　 ア. 土壌　　　イ. 鉱物　　　ウ. 磁石　　　　エ. 鋼鉄

② 次の日本語の意味を表す語をア～ケから選べ。

1. 即座の　　2. 磁気の　　3. ひどい　　4. 偽の　　　5. 卓越した
6. 中立の　　7. 受動的な　8. 残酷な　　9. 謙虚な

ア. modest　　　　イ. fake　　　　ウ. magnetic
エ. awful　　　　 オ. cruel　　　　カ. prompt
キ. prominent　　 ク. passive　　　ケ. neutral

③ 次の語の最も強く読まれる箇所を答えよ。

1. ful-fill
 　 ア　イ

2. ge-og-ra-phy
 　 ア　イ　ウ　エ

3. se-mes-ter
 　 ア　イ　ウ

4. al-ler-gy
 　 ア　イ　ウ

5. pe-des-tri-an
 　 ア　イ　ウ　エ

Step 2　さらなる語い力アップを目指そう！　⏱ 目標時間1分

① 次の語と反対の意味を持つ語を答えよ。

1. tragedy　2. maximum　3. informal　4. external

② 次の語の形容詞形を答えよ。ただし -ed 形，-ing 形は除く。

1. regulate　2. dimension　3. vice　4. fate　5. ambition

Step 3　例文で見出し語の用法を押さえよう！　⏱ 目標時間 4 分

次の各文の（　）に適する語をア〜クから選び，全文を和訳せよ。

1. She was（　　　）by the beautiful view of the Grand Canyon.
2. His wool sweater（　　　）in the dryer.
3. Heavy rain（　　　）a sudden flood in the village.
4. Economic issues（　　　）negotiations between the two countries.
5. The speaker（　　　）to drink from a glass of water.
6. She nearly（　　　）into a man who was walking using a smartphone.
7. Many people（　　　）to contact someone by phone these days.
8. We have to（　　　）the problem of the declining birthrate.

ア. shrank　　　イ. paused　　　ウ. bumped　　　エ. confront

オ. overwhelmed　カ. hesitate　　キ. underlie　　ク. triggered

Challenge　入試問題に挑戦しよう！　⏱ 目標時間 1 分 30 秒

次の 1 〜 3 の（　）に入れるのに適するものを記号で答えよ。

1. Living in Paris for three years allowed Brian to（　　　）a
   knowledge of the French language and culture.
   ア. situate　イ. nominate　ウ. cultivate　エ. compensate　（獨協大）
2. We went to the theater yesterday, and the leading actor's
   performance far（　　　）our expectations.
   ア. exceeded　イ. excited　ウ. excluded　エ. extended　（立教大）
3. As a member, you have the（　　　）of purchasing books
   at a 20% discount.
   ア. judgment　イ. loyalty　ウ. privilege　エ. specialty

（武庫川女子大）

Section 11-1　単語番号 1001 〜 1100

Step 1　見出し語の意味とアクセントを確認しよう！

⏱ 目標時間 2 分

① 次の単語の意味をア〜エから選べ。

1. arrest　　ア. 逮捕する　イ. 立ち向かう　ウ. 圧倒する　エ. 告訴する
2. forbid　　ア. 鑑賞する　イ. 禁じる　　ウ. そらす　　エ. だます
3. heal　　　ア. 退ける　　イ. 従う　　　ウ. 養う　　　エ. 治す
4. astonish　ア. 脅かす　　イ. 驚かす　　ウ. 賞賛する　エ. 規制する
5. jury　　　ア. 評議会　　イ. 内科医　　ウ. 陪審員団　エ. 護衛者
6. particle　ア. 微粒子　　イ. 部品　　　ウ. ごみ　　　エ. 分子
7. narrative　ア. 神話　　　イ. 比喩(ひゆ)　　ウ. 物語　　　エ. 散文
8. premise　 ア. 結末　　　イ. 前提　　　ウ. 見解　　　エ. 観念
9. pesticide　ア. 殺虫剤　　イ. 肥料　　　ウ. 抗生物質　エ. 洗剤

② 次の日本語の意味を表す語をア〜ケから選べ。

1. 適度な　　2. すばらしい　3. 口頭の　　4. 活動的な　5. 勇敢な
6. 無罪の　　7. 肥満した　　8. 中世の　　9. 入念な

ア. innocent　　　イ. medieval　　　ウ. brilliant
エ. moderate　　　オ. oral　　　　　カ. brave
キ. elaborate　　　ク. obese　　　　 ケ. dynamic

③ 次の語の最も強く読まれる箇所を答えよ。

1. o-bey　　　　　2. dis-tress　　　　3. pen-al-ty
　 ア　イ　　　　　　 ア　イ　　　　　　ア　イ　ウ

4. mol-e-cule　　　5. sub-se-quent
　 ア　イ　ウ　　　　 ア　イ　ウ

Step 2　さらなる語い力アップを目指そう！

⏱ 目標時間 1 分

① 次の語と類似する意味を持つ語をア〜エから選べ。

1. diminish　　2. indifferent　　3. fatigue　　4. sacred
ア. uninterested　　イ. exhaustion　　ウ. holy　　エ. decrease

② 次の語の名詞形を答えよ。ただし人を表す語・同じつづりの語は除く。

1. deprive　2. install　3. transmit　4. grateful　5. pregnant

Step 3　例文で見出し語の用法を押さえよう！　⏱ 目標時間 4 分

次の各文の（　）に適する語をア～クから選び，全文を和訳せよ。

1. The children were able to (　　　) the new ideas from the lesson.
2. The Sudan was (　　　) into two republics in 2011.
3. The bubble economy in Japan (　　　) in the 1990s.
4. She (　　　) an old Chinese proverb in her speech.
5. Loud music always (　　　) me from reading.
6. Teachers have a good chance to (　　　) their students' thinking ability.
7. Emma (　　　) on to her e-mail account many times a day.
8. He (　　　) his life to the study of insects.

ア. dedicates　イ. distracts　ウ. quoted　エ. foster
オ. logs　カ. split　キ. grasp　ク. burst

Challenge　入試問題に挑戦しよう！　⏱ 目標時間 1 分 30 秒

次の 1 ～ 3 の（　）に入れるのに適するものを記号で答えよ。

1. It is unacceptable for a company to (　　　) workers from the decision-making process.
   ア. edit　イ. embrace　ウ. enhance　エ. exclude　　　（立命館大）
2. My son passed the exam by (　　　) of your support.
   ア. thank you　イ. due　ウ. effort　エ. virtue　オ. gratitude
   　　　　　　　　　　　　　　　　　　　　　　　　　　　（東京理科大）
3. In response to your enquiry, we enclose the details of our current range of goods, and our prices, which are (　　　) until 31 March.
   ア. vacant　イ. valid　ウ. valuable　エ. variable　　　（上智大）

Step 1 見出し語の意味と発音を確認しよう！
⏱ 目標時間 2 分

① 次の単語の意味をア～エから選べ。

1.	cheat	ア. あざける	イ. だます	ウ. 隠す	エ. 捨てる
2.	transmit	ア. 更新する	イ. 取り組む	ウ. 伝える	エ. 促進する
3.	distress	ア. 後悔	イ. 危険	ウ. 疲労	エ. 苦悩
4.	curve	ア. 直線	イ. 接点	ウ. 曲線	エ. 辺
5.	penalty	ア. 報酬	イ. 刑罰	ウ. 予算	エ. 規律
6.	poll	ア. 議会	イ. 委員会	ウ. 国勢調査	エ. 世論調査
7.	panic	ア. 冷静	イ. 余裕	ウ. 混乱	エ. 狼狽
8.	shallow	ア. 濃い	イ. 薄い	ウ. 深い	エ. 浅い

② 次の日本語の意味を表す語をア～ケから選べ。

1. ひびが入る　2. 軽くたたく　3. 見落とす　4. 目立たせる　5. 統治する
6. いじめる　7. 跳ぶ　　8. おじぎする　9. 複雑にする

ア. complicate　　イ. bully　　ウ. crack
エ. govern　　オ. leap　　カ. tap
キ. overlook　　ク. bow　　ケ. highlight

③ 次の語の下線部の発音と同じ発音の語をア～エから選べ。

1. neg<u>o</u>tiate　　ア. d<u>o</u>nate　イ. f<u>o</u>ster　ウ. n<u>o</u>d　エ. <u>o</u>ral
2. <u>o</u>bese　　ア. pr<u>e</u>mise　イ. m<u>e</u>rit　ウ. arr<u>e</u>st　エ. m<u>e</u>dieval
3. s<u>i</u>multaneously　ア. br<u>i</u>lliant　イ. cl<u>i</u>nic　ウ. c<u>i</u>te　エ. spl<u>i</u>t

Step 2 さらなる語い力アップを目指そう！
⏱ 目標時間 1 分

① 次の 1 ～ 2 は類似する意味，3 ～ 4 は反対の意味を持つ語をア～エから選べ。

1. queue　　2. scheme　　3. dynamic　　4. brave
ア. cowardly　　イ. line　　ウ. plan　　エ. static

② 次の語の形容詞形を答えよ。ただし -ed 形，-ing 形は除く。

1. forbid　2. persist　3. sympathy　4. ethic　5. fantasy

Step 3　例文で見出し語の用法を押さえよう！　⏱ 目標時間 4 分

次の各文の（　　）に適する語をア〜クから選び，全文を和訳せよ。

1. The conclusion he drew from the evidence was (　　).
2. He made an (　　) plan to climb Mont Blanc.
3. Tokyo spent a (　　) amount of money on moving its fish market.
4. A lot of soccer fans watched the Brazil (　　) Italy game on TV.
5. Many young people are (　　) to politics and the economy.
6. I think this wine is (　　) to that wine in flavor.
7. After her remark, there was an (　　) silence.
8. The actress described her (　　) relationship with her husband.

ア. tremendous　イ. elaborate　ウ. awkward　エ. intimate
オ. indifferent　カ. valid　キ. versus　ク. inferior

Challenge　入試問題に挑戦しよう！　⏱ 目標時間 1 分 30 秒

次の 1 〜 2 の（　　）に入れるのに適するものを記号で答えよ。3 は和文に合うように（　　）内の語(句)を並べ替えよ，ただし余分な語(句)が 1 つ含まれている。

1. The engineers were unable to (　　) how serious the problem was.
   ア. grasp　イ. burst　ウ. fold　エ. spoil　　　　　（東京理科大）
2. My friend is always (　　) lines of poetry.
   ア. arousing　イ. gulping　ウ. quoting　エ. taunting　　（立命館大）
3. 身体の疲れを取るには十分な睡眠を取ることが一番よい。
   The (it / to relieve / way / is / to have / best / your fatigue / sufficient) sleep.　　　　　　　　　　　　　　　　（関西学院大）

Step 1　見出し語の意味とアクセントを確認しよう！

🕐 目標時間 2 分

① 次の単語の意味をア〜エから選べ。

1.	pitch	ア. 投げる	イ. 捨てる	ウ. ひねる	エ. 配属する
2.	nod	ア. かがむ	イ. 噛む	ウ. うなずく	エ. あくびする
3.	cite	ア. 克服する	イ. 明らかにする	ウ. 申告する	エ. 引き合いに出す
4.	bend	ア. 分割する	イ. 曲げる	ウ. 軽くたたく	エ. 跳ぶ
5.	joint	ア. 縁 (ふち)	イ. 関節	ウ. 側面	エ. 背面
6.	ray	ア. 直線	イ. 曲線	ウ. 光線	エ. 車線
7.	faculty	ア. 能力	イ. 施設	ウ. 工場	エ. 製造
8.	shade	ア. 日光	イ. そよ風	ウ. 日陰	エ. 日傘
9.	fabric	ア. 針	イ. 編み物	ウ. 糸	エ. 織物

② 次の日本語の意味を表す語をア〜ケから選べ。

1. 利点　　　2. 遠征(隊)　　3. (気まぐれな)好み　　4. 国籍　　5. 認知症

6. 板ばさみ　　7. 指紋　　8. ファイル　　　9. 荒野

ア. dementia　　　イ. fingerprint　　　ウ. wilderness

エ. expedition　　オ. fancy　　　　　カ. nationality

キ. merit　　　　　ク. file　　　　　　ケ. dilemma

③ 次の語の最も強く読まれる箇所を答えよ。

1. fore-cast
　　ア　イ

2. dis-pute
　　ア　イ

3. in-put
　　ア　イ

4. in-fra-struc-ture
　　ア　イ　ウ　エ

5. ad-o-les-cent
　　ア　イ　ウ　エ

Step 2　さらなる語い力アップを目指そう！

🕐 目標時間 1 分

① 次の語と反対の意味を持つ語をア〜エから選べ。

1. inferior　　　2. innocent　　　3. shallow　　　4. narrative

ア. guilty　　　イ. superior　　　ウ. dialogue　　　エ. deep

② 次の語の形容詞形を答えよ。ただし -ed 形，-ing 形は除く。

1. compliment 2. nutrition 3. clinic 4. virtue 5. obey

Step 3 例文で見出し語の用法を押さえよう！ ⏱ 目標時間 4 分

次の各文の（　　）に適する語をア〜クから選び，全文を和訳せよ。

1. People from many countries （　　　） money to UNICEF.
2. Tax was （　　） from the price.
3. Yesterday, I （　　　） some new apps on my smartphone.
4. The military （　　） the citizens of their liberty.
5. His sadness （　　　） for a long time after his mother's death.
6. Her violin performance （　　　） the audience.
7. The coffee brand （　　） Ethiopian beans with Brazilian ones.
8. Robert's new car is （　　　） with a great music system.

ア. excluded　　イ. blends　　ウ. equipped　　エ. installed

オ. donate　　カ. persisted　　キ. thrilled　　ク. deprived

Challenge 入試問題に挑戦しよう！ ⏱ 目標時間 1 分 30 秒

次の 1 〜 3 の（　　）に入れるのに適するものを記号で答えよ。

1. He seems to have （　　） a few important facts in his research.
   ア. emerged　イ. overlooked　ウ. reacted　エ. behaved
   （東京理科大）

2. He was afraid the balloon would （　　）.
   ア. behave　イ. burst　ウ. complain　エ. retire　　（立命館大）

3. Without your knowledge we could not have finished this project so soon. We are （　　） to you for your help.
   ア. pleased　イ. grateful　ウ. respectful　エ. honored　　（上智大）

Section 12-1　単語番号 1101 〜 1200

Step 1　見出し語の意味とアクセントを確認しよう！　目標時間 2 分

① 次の単語の意味をア〜エから選べ。

1. chew　ア. 飲み込む　イ. 曲げる　ウ. 吸う　エ. かむ
2. inherit　ア. 受け継ぐ　イ. 活用する　ウ. 投資する　エ. 提出する
3. seal　ア. つなぐ　イ. 密閉する　ウ. 満たす　エ. 埋める
4. congress　ア. 査問会　イ. 議会　ウ. 集会　エ. 検討会
5. beverage　ア. 主食　イ. 飲み物　ウ. 前菜　エ. 調理法
6. reef　ア. 鉱物　イ. 花粉　ウ. 作物　エ. 礁
7. plot　ア. 物語　イ. 論文　ウ. 概要　エ. 筋
8. estate　ア. 貯金　イ. 財産　ウ. 税金　エ. 年金
9. prey　ア. 捕食者　イ. 天敵　ウ. 哺乳類(ほにゅう)　エ. 獲物

② 次の日本語の意味を表す語をア〜ケから選べ。

1. 合図　2. 生産(高)　3. イスラム教徒　4. 地雷　5. 論争
6. 美術館　7. 締め切り　8. 学部学生　9. 散らかった状態

ア. undergraduate　イ. output　ウ. controversy
エ. gallery　オ. cue　カ. Muslim
キ. landmine　ク. deadline　ケ. mess

③ 次の語の最も強く読まれる箇所を答えよ。

1. pro-ceed　ア イ
2. re-in-force　ア イ ウ
3. ex-ag-ger-ate　ア イ ウ エ
4. en-ter-prise　ア イ ウ
5. man-kind　ア イ

Step 2　さらなる語い力アップを目指そう！　目標時間 1 分

① 次の語と類似する意味を持つ語(句)をア〜エから選べ。

1. conceal　2. vanish　3. postpone　4. rear
ア. disappear　イ. raise　ウ. hide　エ. put off

76

② 次の語の動詞形を答えよ。

　　1. empathy　2. excess　3. seasonal　4. abundant　5. ridiculous

Step 3　例文で見出し語の用法を押さえよう！　⊘ 目標時間 4 分

次の各文の（　　）に適する語をア〜クから選び，全文を和訳せよ。

1. He （　　） the Internet constantly, collecting information about political scandals.
2. This device is designed to （　　） out dirt from the water.
3. If the criminals' demands are not accepted, they may （　　） to force.
4. If you work hard, I （　　） you can complete this task in a month.
5. At our university, women （　　） the majority of the psychology majors.
6. He （　　） the floors of his apartment once a week.
7. The Smiths like to （　　） their house with paintings.
8. The voters were sensible enough to （　　） him a member of the Diet.

　ア. surfs　　　　　イ. resort　　　　ウ. decorate　　　エ. polishes
　オ. bet　　　　　カ. constitute　　キ. filter　　　　ク. elect

Challenge　入試問題に挑戦しよう！　⊘ 目標時間 1 分 30 秒

次の 1 〜 3 の（　　）に入れるのに適するものを記号で答えよ。

1. 気候変動が事実であると裏づけるデータは，政府によって却下された。
   The data confirming the reality of climate change were （　　） by the government.
   　ア. disclosed　イ. discriminated　ウ. disguised　エ. dismissed （中央大）
2. Use the juicer to （　　） juice from fruits and vegetables.
   　ア. extract　イ. extinguish　ウ. extend　エ. extort　　　（芝浦工業大）
3. The weather forecast says that it will be cold tomorrow. It'd be （　　） of you to wear a jacket when you go out.
   　ア. sensitive　イ. sensual　ウ. senseless　エ. sensible　（玉川大）

Section 12-2　単語番号1101 ～ 1200

Step 1　見出し語の意味と発音を確認しよう！　　🕐 目標時間2分

① 次の単語の意味をア～エから選べ。

1. proceed 　ア. 確信する 　イ. 進む 　ウ. 降りる 　エ. 抑える
2. reinforce 　ア. 規制する 　イ. 強化する 　ウ. 侵害する 　エ. 除外する
3. compound 　ア. 補償する 　イ. 復活させる 　ウ. 移植する 　エ. 悪化させる
4. fiber 　ア. 繊維 　イ. 穀物 　ウ. 筋 　エ. 軌道
5. slavery 　ア. 階層制 　イ. 共産主義 　ウ. 議会制 　エ. 奴隷制度
6. retreat 　ア. 同情 　イ. 限界 　ウ. 陰謀 　エ. 後退
7. sculpture 　ア. 彫刻 　イ. 工芸 　ウ. 絵画 　エ. 版画
8. recession 　ア. 景気 　イ. 不況 　ウ. 動向 　エ. 損害

② 次の日本語の意味を表す語をア～ケから選べ。

1. 平行の 　2. 張り詰めた 　3. 垂直の 　4. 原産の 　5. 季節の
6. 豊富な 　7. 無関係の 　8. 慢性の 　9. 自発的な

ア. tense 　イ. parallel 　ウ. voluntary
エ. abundant 　オ. indigenous 　カ. irrelevant
キ. vertical 　ク. seasonal 　ケ. chronic

③ 次の語の下線部の発音と同じ発音の語をア～エから選べ。

1. migrate 　ア. filter 　イ. microbe 　ウ. grip 　エ. bitter
2. diabetes 　ア. beverage 　イ. estate 　ウ. deadline 　エ. seal
3. vague 　ア. landmine 　イ. gallery 　ウ. fame 　エ. tablet

Step 2　さらなる語い力アップを目指そう！　　🕐 目標時間1分

① 次の語の名詞形を答えよ。ただし人を表す語・同じつづりの語は除く。

1. sensory 　2. aboriginal 　3. fade 　4. spoil 　5. dense

② 次の語の形容詞形を答えよ。ただし -ed 形，-ing 形は除く。

1. orient　2. chew　3. explode　4. caution　5. supplement

Step 3　例文で見出し語の用法を押さえよう！　　　目標時間 4 分

次の各文の（　　）に適する語をア〜クから選び，全文を和訳せよ。

1. The couple（　　）$20,000 to buy a new car.
2. My boss（　　）my opinion as nonsense.
3. She（　　）me of having spread rumors about her father.
4. She（　　）her hands with a hand towel.
5. The salesperson（　　）the customer into buying an expensive product.
6. The man was（　　）by the inappropriate remark from the politician.
7. The small village（　　）to exist after the last resident moved away.
8. The salesperson（　　）with the buyer on the price.

ア. accused　　　イ. disgusted　　ウ. ceased　　エ. accumulated

オ. dismissed　　カ. misled　　　キ. wiped　　　ク. compromised

Challenge　入試問題に挑戦しよう！　　　目標時間 1 分 30 秒

次の 1 〜 3 の（　　）に入れるのに適するものを記号で答えよ。

1. To improve business performance, the company decided to（　　）to drastic measures.
　ア. handle　イ. imply　ウ. estimate　エ. resort　　　（関西学院大）
2. The soccer match started in spite of heavy rain. If it had been a baseball game, it would have been（　　）.
　ア. postponed　イ. advanced　ウ. won　エ. kicked　　（亜細亜大）
3. The company added more than 120,000 new customers since January and now has in（　　）of 500,000 subscribers.
　ア. favor　イ. view　ウ. charge　エ. excess　　　（青山学院大）

✈ Section 12-3 単語番号 1101 〜 1200

Step 1 見出し語の意味とアクセントを確認しよう！ 🕐 目標時間 2 分

① 次の単語の意味をア〜エから選べ。

1. swallow ア. 飲み込む イ. 呼吸する ウ. 述べる エ. 占める
2. spoil ア. 台無しにする イ. 延期する ウ. 躊躇する エ. 介入する
3. bind ア. 切断する イ. 縛る ウ. 貼る エ. 重ねる
4. grave ア. 牧場 イ. 墓 ウ. 農場 エ. 荒野
5. scent ア. 合図 イ. 香り ウ. 特徴 エ. 空想
6. column ア. コラム イ. ブログ ウ. 雑誌 エ. メモ
7. scenery ア. 状況 イ. 軌道 ウ. 感覚 エ. 景色
8. tablet ア. 成分 イ. 錠剤 ウ. 投薬 エ. 材料
9. microbe ア. 微生物 イ. 土壌 ウ. 細胞 エ. 病原菌

② 次の日本語の意味を表す語をア〜ケから選べ。

1. 握る 2. 掃く 3. 通勤する 4. 取り出す 5. 隠す
6. 誇張する 7. 消える 8. 爆発する 9. 育てる

ア. commute イ. conceal ウ. explode
エ. extract オ. sweep カ. rear
キ. vanish ク. grip ケ. exaggerate

③ 次の語の最も強く読まれる箇所を答えよ。

1. ad-vo-cate 2. un-der-take 3. com-pound〔動詞〕
   ア イ ウ   ア イ ウ   ア イ

4. con-gress 5. ri-dic-u-lous
   ア イ   ア イ ウ エ

Step 2 さらなる語い力アップを目指そう！ 🕐 目標時間 1 分

① 次の語と反対の意味を持つ語をア〜エから選べ。

1. retail 2. vertical 3. chronic 4. voluntary
ア. compulsory イ. acute ウ. horizontal エ. wholesale

② 次の語の形容詞形を答えよ。ただし -ed 形，-ing 形は除く。

1. migrate　2. millennium　3. consensus　4. province　5. fame

Step 3　例文で見出し語の用法を押さえよう！　⏱ 目標時間 4 分

次の各文の（　　）に適する語をア～クから選び，全文を和訳せよ。

1. The zoo has an exhibition of rare and（　　　）animals.
2. It is not certain that（　　　）rain is caused by air pollution.
3. He had the（　　　）experience of fighting in the war.
4. She made the（　　　）decision of consulting her lawyer.
5. He married a woman of a（　　　）family.
6. Those who drive（　　　）cars get the privilege of free parking here.
7. The queen in that（　　　）tale was so cruel to Snow White.
8. She is（　　　）to be very optimistic about her future.

ア. bitter　　　イ. hybrid　　　ウ. fairy　　　エ. exotic
オ. acid　　　カ. noble　　　キ. sensible　　　ク. inclined

Challenge　入試問題に挑戦しよう！　⏱ 目標時間 1 分 30 秒

次の 1 ～ 3 の（　　）に入れるのに適するものを記号で答えよ。

1. The curtains were quite bright when we bought them, but they've（　　　）a lot now because of the sun.
   ア. faded　イ. weakened　ウ. blurred　エ. dimmed　　（芝浦工業大）
2. There is a growing（　　　）over the construction of new power plants.
   ア. matter　イ. controversy　ウ. plan　エ. decision　　（神奈川大）
3. At the Scottish Agricultural College they are concentrating on temperate plants. But in Zimbabwe a similar project is doing the same study for（　　　）plants.
   ア. indigenous　イ. ingenious　ウ. indicative　エ. inactivate

（青山学院大）

Section 13-1 単語番号 1201 ～ 1300

Step 1 　見出し語の意味とアクセントを確認しよう！
⏰ 目標時間 2 分

① 次の単語の意味をア～エから選べ。

1. esteem 　ア. 尊敬する 　イ. 援助する 　ウ. 感動させる 　エ. 魅了する
2. thrive 　ア. 飢える 　イ. 繁栄する 　ウ. 薄れる 　エ. 消える
3. twist 　ア. 混ぜる 　イ. ねじる 　ウ. 投げる 　エ. 折る
4. enforce 　ア. 取り出す 　イ. 施行する 　ウ. 設置する 　エ. 操る
5. appetite 　ア. 自由 　イ. 食欲 　ウ. 繁栄 　エ. 錯覚
6. pension 　ア. 給料 　イ. 年金 　ウ. 保険 　エ. 手当て
7. temper 　ア. 気質 　イ. 感情 　ウ. 好み 　エ. 冷淡
8. monument 　ア. 墓 　イ. 行政区 　ウ. 記念碑 　エ. 施設
9. herd 　ア. 牛 　イ. 獲物 　ウ. 家畜 　エ. 群れ

② 次の日本語の意味を表す語をア～ケから選べ。

1. 回転する 　2. 切り抜く 　3. 引きずる 　4. まばたきする 　5. 実行する
6. いらいらさせる 　7. 侮辱する 　8. 漂う 　9. おもしろがらせる

ア. drift 　イ. insult 　ウ. spin
エ. clip 　オ. blink 　カ. implement
キ. amuse 　ク. irritate 　ケ. drag

③ 次の語の最も強く読まれる箇所を答えよ。

1. in-fer
　ア イ
2. ac-cel-er-ate
　ア イ ウ エ
3. in-te-grate
　ア イ ウ
4. re-cip-i-ent
　ア イ ウ エ
5. aes-thet-ic
　ア イ ウ

Step 2 　さらなる語い力アップを目指そう！
⏰ 目標時間 1 分

① 次の語の名詞形を答えよ。ただし人を表す語・同じつづりの語は除く。

1. recruit 　2. suspend 　3. exploit 　4. transparent 　5. deliberate

② 次の語の動詞形を答えよ。

1. utility　2. acquaintance　3. motive　4. toxic　5. magnificent

Step 3　例文で見出し語の用法を押さえよう！　⏱目標時間 4 分

次の各文の（　　）に適する語をア～クから選び，全文を和訳せよ。

1. We must find an effective way to （　　） this task.
2. I am （　　） to hearing criticism from the media.
3. To download the file, you need to （　　） on the filename on the screen.
4. His repeated mistakes forced us to （　　） doubt on his ability.
5. I noticed that he was trying hard not to （　　） during class.
6. The woman decided to （　　） her hair brown.
7. Three men （　　） a woman of her wallet on a crowded train.
8. She forgot to （　　） water from the bathtub.

| ア. cast | イ. drain | ウ. accustomed | エ. yawn |
| オ. dye | カ. click | キ. robbed | ク. tackle |

Challenge　入試問題に挑戦しよう！　⏱目標時間 1 分 30 秒

次の 1 ～ 2 の（　　）に入れるのに適するものを記号で答えよ。3 は（　　）内の語を並べ替えよ。

1. John （　　） from the judo competition because he was sick.
   ア. withdrew　イ. cancelled　ウ. removed　エ. rejected　（南山大）
2. The way he talks is interesting because of his （　　） local accent.
   ア. peculiar　イ. polite　ウ. legal　エ. firm　（高知大）
3. My friend Eric is so handsome that, if you saw him walking down the street, you could (assuming / be / for / forgiven / he / was) a famous movie star.　（青山学院大）

Step 1 　見出し語の意味と発音を確認しよう！
⏱ 目標時間 2 分

① 次の単語の意味をア～エから選べ。

1. infer 　　ア. 質問する 　　イ. 熟考する 　　ウ. 推論する 　　エ. 構成する
2. nurture 　ア. 強化する 　　イ. 飼育する 　　ウ. はぐくむ 　　エ. 蓄積する
3. crush 　　ア. 混ぜる 　　　イ. 押しつぶす 　ウ. 選出する 　　エ. 抵抗する
4. dye 　　　ア. 織る 　　　　イ. 染める 　　　ウ. 縫う 　　　　エ. 消す
5. cattle 　　ア. 鶏 　　　　　イ. 馬 　　　　　ウ. 牛 　　　　　エ. 羊
6. fluid 　　ア. 流動体 　　　イ. 個体 　　　　ウ. 領域 　　　　エ. 重量
7. priest 　　ア. 指導者 　　　イ. 聖職者 　　　ウ. 教師 　　　　エ. 知識人
8. asset 　　ア. 商品 　　　　イ. 通貨 　　　　ウ. 資産 　　　　エ. 宝物

② 次の日本語の意味を表す語をア～ケから選べ。

1. 記念日 　　2. 症候群 　　3. 残念なこと 　4. 森林伐採 　5. 書式
6. 訓練 　　　7. 戦闘 　　　8. 残骸 　　　　9. 階層性

ア. syndrome 　　　　イ. debris 　　　　　ウ. drill
エ. anniversary 　　　オ. deforestation 　　カ. hierarchy
キ. format 　　　　　ク. pity 　　　　　　ケ. combat

③ 次の語の下線部の発音と同じ発音の語をア～エから選べ。

1. y<u>aw</u>n 　　ア. h<u>er</u>d 　　イ. withdr<u>aw</u> 　ウ. f<u>a</u>mine 　エ. t<u>o</u>xic
2. pr<u>o</u>file 　ア. m<u>o</u>tive 　イ. m<u>o</u>nument 　ウ. r<u>o</u>b 　　エ. unc<u>o</u>ver
3. <u>ch</u>amber 　ア. hierar<u>ch</u>y 　イ. <u>ch</u>ronic 　ウ. <u>ch</u>art 　エ. <u>sch</u>eme

Step 2 　さらなる語い力アップを目指そう！
⏱ 目標時間 1 分

① 次の語の名詞形を答えよ。ただし人を表す語・同じつづりの語は除く。

1. amuse 　2. drain 　3. revise 　4. decent 　5. delicate

② 次の語の形容詞形を答えよ。ただし -ed 形，-ing 形は除く。

　1. impulse　2. inability　3. republic　4. intuition　5. fraction

Step 3　例文で見出し語の用法を押さえよう！　◎目標時間 4 分

次の各文の（　　）に適する語をア〜クから選び，全文を和訳せよ。

1. There is no (　　) answer to the philosophical question.
2. The company is famous for its high quality (　　) products.
3. Japan has been going through big (　　) changes over the past century.
4. The brain loses some of its (　　) language capabilities when it ages.
5. I was (　　) of not having been able to answer such an easy question.
6. Some diseases are (　　) to women.
7. A (　　) router receives and sends signals.
8. The success of our (　　) project depends on the people concerned.

　ア. cosmetic　　　イ. straightforward　　ウ. peculiar　　エ. ongoing
　オ. demographic　カ. wireless　　　　　キ. ashamed　　ク. innate

Challenge　入試問題に挑戦しよう！　◎目標時間 1 分 30 秒

次の 1 〜 2 の（　　）に入れるのに適するものを記号で答えよ。3 は 2 つの文の
（　　）に共通で入るものを記号で答えよ。

1. She walked along the dark path, (　　) fearful glances to right and left.
　ア. bringing　イ. casting　ウ. dreading　エ. shedding　　　（上智大）
2. X: How was your daughter's dance event?
　Y: I'm so proud of her. She gave a (　　) performance.
　ア. current　イ. disappointing　ウ. magnificent　エ. relative（北海学園大）
3. ・He has a (　　) and gets angry quite quickly.
　・Remember to keep calm and don't lose your (　　).
　ア. temper　イ. mood　ウ. posture　エ. attitude　　　（東京理科大）

✈ Section 13-3 単語番号 1201 〜 1300

Step 1 見出し語の意味とアクセントを確認しよう！ ⏱ 目標時間2分

① 次の単語の意味をア〜エから選べ。

1. spill　　　ア. 複製する　　イ. まき散らす　ウ. ささやく　　エ. こぼす
2. exploit　　ア. 活用する　　イ. 破裂する　　ウ. 解雇する　　エ. ささげる
3. integrate　ア. 利用する　　イ. 混乱させる　ウ. 統合する　　エ. 指定する
4. famine　　ア. 洪水　　　　イ. 天災　　　　ウ. 干ばつ　　　エ. 飢饉
5. commodity ア. 区分　　　　イ. 材料　　　　ウ. 資産　　　　エ. 商品
6. bug　　　　ア. 杭　　　　　イ. 巣　　　　　ウ. 病原菌　　　エ. 茎
7. offspring　ア. 先祖　　　　イ. 親戚　　　　ウ. 子孫　　　　エ. 知人
8. script　　　ア. 小説　　　　イ. 台本　　　　ウ. 論文　　　　エ. 書籍
9. cortex　　　ア. 神経　　　　イ. 前頭葉　　　ウ. 骨格　　　　エ. 皮質

② 次の日本語の意味を表す語をア〜ケから選べ。

1. 穏やかな　　2. 謙虚な　　　3. (傾斜が) 急な 4. ささいな　　5. 故意の

6. まずまずの 7. 繊細な　　　8. 透明な　　　9. 美的な

ア. mild　　　　　　イ. deliberate　　　　ウ. aesthetic
エ. decent　　　　　オ. trivial　　　　　　カ. steep
キ. humble　　　　　ク. transparent　　　　ケ. delicate

③ 次の語の最も強く読まれる箇所を答えよ。

1. es-teem　　　　　2. sus-pend　　　　　3. im-pulse
　　ア　イ　　　　　　　ア　イ　　　　　　　　ア　イ

4. in-dex　　　　　　5. con-sent
　　ア　イ　　　　　　　ア　イ

Step 2 さらなる語い力アップを目指そう！ ⏱ 目標時間1分

① 次の1〜3は類似する意味，4は反対の意味を持つ語をア〜エから選べ。

1. insult　　　2. jail　　　　3. fraction　　　4. interior
ア. prison　　イ. bit　　　　ウ. affront　　　エ. exterior

② 次の語の名詞形を答えよ。ただし人を表す語・同じつづりの語は除く。

1. tempt 2. withdraw 3. irritate 4. competent 5. prehistoric

Step 3　例文で見出し語の用法を押さえよう！　⏱ 目標時間 4 分

次の各文の（　　）に適する語をア〜クから選び，全文を和訳せよ。

1. The company (　　) into an unknown territory.
2. Renaissance art (　　) in Italy between the 14th and 16th century.
3. There is litter (　　) on the beach.
4. The sailboat slowly (　　) in the sea.
5. Please (　　) me for having kept you waiting for such a long time.
6. She (　　) a note onto the bulletin board.
7. The magazine (　　) the actor's secret.
8. Many words have been (　　) into English from Latin and French.

ア. incorporated　イ. pinned　　ウ. uncovered　エ. drifted

オ. ventured　　カ. scattered　　キ. flourished　ク. forgive

次の 1 〜 3 の (　　) に入れるのに適するものを記号で答えよ。

1. Don't eat too much chocolate, or you'll lose your (　　).
   ア. accent　イ. accessory　ウ. affection　エ. appetite　　（立命館大）
2. A: It is a great (　　) that you have to leave so quickly!
   B: It's so nice of you to say so, but I really have to go.
   ア. pity　イ. piety　ウ. honesty　エ. pressure　　（鹿児島大）
3. What is the chief (　　) for his taking this action?
   ア. debt　イ. fragment　ウ. motive　エ. profession　　（立命館大）

Section 14-1 単語番号 1301 ～ 1400

Step 1 見出し語の意味とアクセントを確認しよう！

◎ 目標時間 2 分

① 次の単語の意味をア～エから選べ。

1. flee ア. 解き放つ イ. つかむ ウ. 逃げる エ. 引き起こす
2. offend ア. 気分を害する イ. いじめる ウ. 正当化する エ. 達成する
3. rub ア. 手でたたく イ. ひっかく ウ. こする エ. そる
4. quest ア. 探究 イ. 実験 ウ. 疑問 エ. 姿勢
5. feast ア. 偉業 イ. 特徴 ウ. 祝宴 エ. 批評
6. parliament ア. 議会 イ. 法廷 ウ. 特権 エ. 内閣
7. worship ア. 感謝 イ. 崇拝 ウ. 用心 エ. 絶望
8. troop ア. 戦争 イ. 戦略 ウ. 軍隊 エ. 国境
9. horror ア. 恐怖 イ. 興奮 ウ. 悲嘆 エ. 刺激

② 次の日本語の意味を表す語をア～ケから選べ。

1. 際立った　　2. 壊れやすい　3. 徐々の　　　4. 帝国の　　　5. 義務的な
6. 静的な　　　7. 表面的な　　8. 生来の　　　9. 注目に値する

ア. imperial　　　　イ. compulsory　　　ウ. superficial
エ. gradual　　　　オ. outstanding　　　カ. notable
キ. inherent　　　　ク. fragile　　　　　ケ. static

③ 次の語の最も強く読まれる箇所を答えよ。

1. sup-press　　　　2. ma-nip-u-late　　3. par-a-dox
　　ア　イ　　　　　　　ア　イ　ウ　エ　　　　　ア　イ　ウ
4. worth-while　　　5. ob-scure
　　ア　イ　　　　　　　ア　イ

Step 2 さらなる語い力アップを目指そう！

◎ 目標時間 1 分

① 次の語と類似する意味を持つ語(句)をア～エから選べ。

1. blossom　　　2. deceive　　　3. utilize　　　4. compensate
ア. make up　　　イ. bloom　　　ウ. make use of　　エ. take in

② 次の語の名詞形を答えよ。ただし人を表す語・同じつづりの語は除く。

1. precede　2. revive　3. starve　4. ambiguous　5. scarce

Step 3　例文で見出し語の用法を押さえよう！　　⏱ 目標時間 4 分

次の各文の（　　）に適する語をア〜クから選び，全文を和訳せよ。

1. Today, we are confronted with an（　　）economic crisis.
2. Computer literacy is（　　）for academic learning.
3. It is（　　）that she will be reelected as mayor.
4. She is（　　）about the possibility of political change.
5. The singer has a（　　）range of three octaves.
6. You may have a（　　）memory from early childhood.
7. They were（　　）to the new executive who joined the company.
8. Investments showed a（　　）profit of $2 million.

ア. skeptical　　イ. gross　　　ウ. probable　　エ. indispensable

オ. vocal　　　カ. unprecedented　キ. hostile　　　ク. vivid

Challenge　入試問題に挑戦しよう！　　⏱ 目標時間 1 分 30 秒

次の 1 〜 2 の（　　）に入れるのに適するもの，3 は（a）の意味を持ち，かつ（b）の（　　）に入れるのに適するものを記号で答えよ。

1. One day, a（　　）went around the office that something had happened to the manager.
   ア. fact　イ. claim　ウ. reply　エ. rumor　　　　　　（神奈川大）
2. Some people think that the（　　）of all humans is already determined.
   ア. container　イ. deposit　ウ. destiny　エ. instruction（武庫川女子大）
3. （a）an amount of a medicine, drug or supplement
   （b）Mary has been taking the same（　　）of vitamin C once a day for two years.
   ア. component　イ. dose　ウ. ingredient　エ. substance　　（近畿大）

Section 14-2 単語番号 1301 〜 1400

Step 1 　見出し語の意味と発音を確認しよう！

◯ 目標時間 2 分

① 次の単語の意味をア〜エから選べ。

1. revive 　　ア. 流出させる 　イ. 中断させる 　ウ. 喜ばせる 　エ. 復活させる
2. shed 　　　ア. 取り去る 　　イ. 捨て去る 　　ウ. 押し込む 　　エ. 安心させる
3. epidemic 　ア. 流行病 　　　イ. 持病 　　　　ウ. 症候群 　　　エ. 混乱状態
4. outbreak 　ア. 発生 　　　　イ. 動向 　　　　ウ. 損害 　　　　エ. 蔓延（まんえん）
5. irrigation 　ア. 建設 　　　　イ. 製造 　　　　ウ. 灌漑（かんがい） 　　エ. 開拓
6. skull 　　　ア. 頭骨 　　　　イ. 骨格 　　　　ウ. 血管 　　　　エ. 神経
7. paradox 　ア. 基準 　　　　イ. 指標 　　　　ウ. 運命 　　　　エ. 逆説
8. monk 　　ア. 修道士 　　　イ. 騎士 　　　　ウ. 司祭 　　　　エ. 牧師

② 次の日本語の意味を表す語をア〜ケから選べ。

1. ささやく 　　2. 長引かせる 　3. 描く 　　　4. 負担をかける 　5. あえて…する
6. 操る 　　　　7. 飢える 　　　8. 利用する 　　9. （ぱっと）裏返す

ア. strain 　　　　　イ. depict 　　　　　ウ. prolong
エ. starve 　　　　　オ. utilize 　　　　　カ. dare
キ. flip 　　　　　　ク. whisper 　　　　　ケ. manipulate

③ 次の語の下線部の発音と同じ発音の語をア〜エから選べ。

1. criterion 　ア. dignity 　　イ. feast 　　ウ. vivid 　　エ. hive
2. tomb 　　　ア. rumor 　　　イ. blossom 　ウ. rub 　　　エ. gross
3. aisle 　　　ア. assert 　　　イ. comprise 　ウ. debris 　エ. cluster

Step 2 　さらなる語彙力アップを目指そう！

◯ 目標時間 1 分

① 次の 1 〜 3 は類似する意味，4 は反対の意味を持つ語をア〜エから選べ。

1. startle 　　　2. worsen 　　　3. proverb 　　　4. infinite
ア. deteriorate 　イ. saying 　　　ウ. finite 　　　エ. surprise

② 次の語の形容詞形を答えよ。ただし -ed 形，-ing 形は除く。

　1. renew　2. spectrum　3. prevail　4. legislation　5. chaos

Step 3　例文で見出し語の用法を押さえよう！　　🕐 目標時間 4 分

次の各文の（　　）に適する語をア〜クから選び，全文を和訳せよ。

1. I can (　　　) you that you will never forget your trip abroad.
2. Using your smartphone on a flight may (　　) safety regulations.
3. The woman tried to (　　) from the scene of the crime.
4. She was walking (　　) her bag back and forth.
5. Food production (　　) carbon dioxide.
6. The police are (　　) to solve the problem of street crime.
7. In Turkey, small talk (　　) any business discussions.
8. Her passion (　　) for her lack of knowledge.

ア. compensates　イ. swinging　ウ. precedes　エ. assure
オ. flee　　　　　カ. striving　　キ. emits　　ク. violate

Challenge　入試問題に挑戦しよう！　　🕐 目標時間 1 分 30 秒

次の 1 の（　　）に入れるのに適するものを記号で答えよ。2 〜 3 は和文に合うように（　　）内の語（句）を並べ替えよ。

1. In these ten years, minority groups in the country are becoming increasingly (　　) in expanding their rights.
　　ア. eager　イ. ready　ウ. hearing　エ. vocal　　　　　　　（上智大）
2. 彼は絶対に他人をだますような人間ではあるまい。
　　(would / last / the / he / other / man / deceive / to / be / people).　　　　　　　　　　　　　　　　　　　　　　　（尾道市立大）
3. 私は，病気を何年もしていないことを自慢する人々の一人だった。
　　I was (boasted of / having / never / of / one / people / those / who) been sick in years.　　　　　　　　　　　　（麗澤大）

Step 1 見出し語の意味とアクセントを確認しよう！

🕐 目標時間 2 分

① 次の単語の意味をア～エから選べ。

1. boast　　　ア. 誇る　　　イ. 主張する　　ウ. 妥協する　　エ. 怒鳴る
2. outline　　ア. 長引かせる　イ. 歪める　　　ウ. 混乱させる　エ. 要点を述べる
3. comprise　ア. 妥協する　イ. 控える　　　ウ. 成る　　　　エ. 詰め込む
4. nightmare　ア. 空想　　　イ. 幻想　　　　ウ. 妄想　　　　エ. 悪夢
5. rumor　　　ア. うそ　　　イ. ことわざ　　ウ. うわさ　　　エ. 伝説
6. aisle　　　ア. 通路　　　イ. 街路　　　　ウ. 歩道　　　　エ. 小道
7. cluster　　ア. 集団　　　イ. 境界　　　　ウ. 同盟　　　　エ. 事業
8. grief　　　ア. 満足　　　イ. 呪い　　　　ウ. 深い悲しみ　エ. 慈悲
9. hive　　　ア. 細胞　　　イ. 洞くつ　　　ウ. クモの巣　　エ. ミツバチの巣

② 次の日本語の意味を表す語をア～ケから選べ。

1. 協議事項　2. 主流　　3. 服用量　　4. 自殺　　5. (独特の) 料理
6. 署名　　　7. 腎臓　　8. 用具 (一式)　9. 運命

ア. signature　　　イ. mainstream　　ウ. dose
エ. gear　　　　　オ. cuisine　　　　カ. agenda
キ. suicide　　　　ク. kidney　　　　ケ. destiny

③ 次の語の最も強く読まれる箇所を答えよ。

1. pol-len　　　　2. tu-i-tion　　　3. in-take
　　ア　イ　　　　　ア　イ　ウ　　　　　ア　イ

4. su-per-fi-cial　5. in-fin-ite
　　ア　イ　ウ　エ　　　ア　イ　ウ

Step 2 さらなる語い力アップを目指そう！

🕐 目標時間 1 分

① 次の語と反対の意味を持つ語をア～エから選べ。

1. descend　　2. monk　　3. compulsory　4. static
ア. dynamic　　イ. voluntary　　ウ. ascend　　エ. nun

② 次の語の動詞形を答えよ。

1. dignity　2. irrigation　3. formula　4. notable　5. inherent

Step 3　例文で見出し語の用法を押さえよう！　⏱ 目標時間 4 分

次の各文の（　　）に適する語をア〜クから選び，全文を和訳せよ。

1. The athlete's injury（　　）him to quit professional sports.
2. The horror movie（　　）her, so she could not sleep that night.
3. The driver（　　）at me to stay on the sidewalk.
4. She（　　）a pile of documents on her desk and called me.
5. They（　　）the guests to close friends.
6. The researcher（　　）that her findings were true.
7. We（　　）the cost of the big event to be $2 billion.
8. He（　　）a team of experts to review the plan.

ア. computed　イ. asserted　ウ. confined　エ. assembled
オ. compelled　カ. deposited　キ. yelled　ク. terrified

Challenge　入試問題に挑戦しよう！　⏱ 目標時間 1 分 30 秒

次の 1 〜 3 の（　　）に入れるのに適するものを記号で答えよ。

1. The government tried to（　　）the news story about the Prime Minister.
   ア. relieve　イ. remain　ウ. dare　エ. suppress　　　（東京理科大）
2. I don't mind giving money if it's for a（　　）project.
   ア. comfortable　イ. dull　ウ. worthwhile　エ. typical　　（麗澤大）
3. Many people are in doubt as to whether the plan will be a success.
   ＝ There are many people who are（　　）about whether the plan will be a success.
   ア. confident　イ. diligent　ウ. intelligent　エ. skeptical　　（中央大）

✈ Section 15-1 単語番号 1401 ～ 1500

Step 1 見出し語の意味とアクセントを確認しよう！ 🕐 目標時間 2 分

① 次の単語の意味をア～エから選べ。

1. clarify   ア. 豊かにする イ. 具現化する ウ. 主張する エ. 明確にする
2. soar   ア. 急上昇する イ. 及ぼす   ウ. 遅れる   エ. 順応する
3. glow   ア. 栄える   イ. 引きつける ウ. 光り輝く   エ. うらやむ
4. navigate   ア. 歩き回る   イ. 誘導する   ウ. 追跡する   エ. 交渉する
5. curse   ア. 祝福   イ. 悪態   ウ. 拍手喝采^{かっさい} エ. 憎しみ
6. funeral   ア. 儀式   イ. 結婚式   ウ. 卒業式   エ. 葬式
7. cereal   ア. 繊維   イ. 綿   ウ. 小麦   エ. 穀物
8. treaty   ア. 戦闘   イ. 創意   ウ. 勝利   エ. 条約
9. compassion ア. 後悔   イ. 同情   ウ. 苦悩   エ. 情熱

② 次の日本語の意味を表す語をア～ケから選べ。

1. 見出し   2. 錠剤   3. 乳製品   4. 同盟国   5. 買い得品
6. 断片   7. 迷路   8. 勝利   9. 領域

ア. sphere   イ. ally   ウ. headline
エ. bargain   オ. dairy   カ. triumph
キ. fragment   ク. pill   ケ. maze

③ 次の語の最も強く読まれる箇所を答えよ。

1. up-date〔動詞〕   2. por-tray   3. out-look
  ア イ   ア イ   ア   イ

4. in-ter-val   5. out-let
  ア イ ウ   ア イ

Step 2 さらなる語い力アップを目指そう！ 🕐 目標時間 1 分

① 次の語の名詞形を答えよ。ただし人を表す語・同じつづりの語は除く。

1. refresh 2. conquer 3. diagnose 4. seize 5. supreme

② 次の語の動詞形を答えよ。

1. reception 2. transaction 3. mutation 4. circulation 5. collision

Step 3　例文で見出し語の用法を押さえよう！　　⏱ 目標時間 4 分

次の各文の（　　）に適する語をア～クから選び，全文を和訳せよ。

1. The police's (　　) investigation revealed the cause of the accident.
2. Our cat is (　　), but she is sometimes frightened of strangers.
3. The streetlights near my house are very (　　).
4. A (　　) area typically has a convenient transportation system.
5. Reducing waste is only a (　　) solution to global warming.
6. Sunlight is often used to represent (　　) grace or revelation.
7. Some people are unable to keep their rooms (　　) and clean.
8. Most of the employees in the company are (　　) to their president.

ア. tame	イ. loyal	ウ. metropolitan	エ. divine
オ. partial	カ. neat	キ. thorough	ク. dim

Challenge　入試問題に挑戦しよう！　　⏱ 目標時間 1 分 30 秒

次の 1 ～ 3 の（　　）に入れるのに適するものを記号で答えよ。

1. We should (　　) the practice as it is no longer useful.
   ア. abolish　イ. access　ウ. allow　エ. apply　　　　　（立命館大）
2. (　　) of the organizing committee, I would like to thank you all for your participation.
   ア. In charge　イ. On behalf　ウ. In terms　エ. On account
   　　　　　　　　　　　　　　　　　　　　　　　　　（関西学院大）
3. I was happy to receive his (　　) good wishes.
   ア. contemporary　イ. fiscal　ウ. informative　エ. sincere
   　　　　　　　　　　　　　　　　　　　　　　　　　（立命館大）

✈ Section 15-2　単語番号 1401 〜 1500

Step 1　見出し語の意味と発音を確認しよう！　🕐 目標時間 2 分

① 次の単語の意味をア〜エから選べ。

1. scratch　　ア. 引っかく　　イ. たたく　　ウ. しがみつく　エ. 磨く
2. flock　　　ア. 上回る　　　イ. 閉じる　　ウ. 群がる　　　エ. 下る
3. spark　　　ア. 跳ねる　　　イ. 引き起こす　ウ. 熱中する　エ. 特化する
4. portray　　ア. 描く　　　　イ. 表現する　ウ. 主張する　エ. 考慮する
5. encyclopedia　ア. 伝記　　　イ. 証明書　　ウ. 百科事典　エ. 古文書
6. patch　　　ア. 部分　　　　イ. 外交使節団　ウ. 蓄え　　　エ. 食料雑貨
7. rubbish　　ア. 粘土　　　　イ. ごみ　　　ウ. ゴム　　　　エ. 肥料
8. spectator　ア. 観客　　　　イ. 顧客　　　ウ. 乗客　　　　エ. 宿泊客

② 次の日本語の意味を表す語をア〜ケから選べ。

1. 裸の　　　 2. 不十分な　 3. 金銭的な　 4. 徹底的な　 5. 唯一の
6. きちんとした 7. 最高の　　 8. (痛みなどが) 激しい　9. 自然発生的な

ア. sole　　　　　　イ. acute　　　　　ウ. tidy
エ. insufficient　　オ. naked　　　　　カ. monetary
キ. drastic　　　　　ク. spontaneous　　ケ. supreme

③ 次の語の下線部の発音と同じ発音の語をア〜エから選べ。

1. s<u>ei</u>ze　　ア. p<u>i</u>ll　　イ. d<u>i</u>m　　ウ. w<u>ea</u>ve　エ. bl<u>a</u>de
2. s<u>oa</u>r　　ア. p<u>ar</u>tial　イ. f<u>ier</u>ce　ウ. dist<u>or</u>t　エ. c<u>ur</u>se
3. disg<u>ui</u>se　ア. s<u>igh</u>　　イ. t<u>a</u>me　ウ. tr<u>ea</u>ty　エ. di<u>a</u>gnose

Step 2　さらなる語い力アップを目指そう！　🕐 目標時間 1 分

① 次の語と類似する意味を持つ語(句)をア〜エから選べ。

1. abolish　　2. outlet　　3. maze　　4. alternate
ア. socket　　イ. do away with　ウ. alternative　エ. labyrinth

② 次の語の名詞形を答えよ。ただし人を表す語・同じつづりの語は除く。

1. retrieve　2. disrupt　3. enrich　4. disable　5. spatial

Step 3　例文で見出し語の用法を押さえよう！　⏱目標時間4分

次の各文の（　　）に適する語をア～クから選び，全文を和訳せよ。

1. He（　　）most of his knowledge at university.
2. The wetland was（　　）as a conservation area.
3. She（　　）the concert attendant to let her enter the hall.
4. We are（　　）to educate children, work and pay taxes.
5. The boy（　　）his mouth with a piece of bread.
6. First, we need to（　　）the tape from the package.
7. His will indicated how to（　　）of his property.
8. The guide（　　）a travel schedule for the people on the tour.

ア. attained　　　イ. strip　　　ウ. designated　エ. crammed
オ. coordinated　カ. begged　　キ. dispose　　ク. obliged

Challenge　入試問題に挑戦しよう！　⏱目標時間1分30秒

次の1～3の（　　）に入れるのに適するものを記号で答えよ。

1. Before moving on, any doubts should be（　　）and dealt with.
   ア. concerned　イ. regarded　ウ. resumed　エ. clarified

   （学習院女子大）

2. It is said to be good to eat a diet containing（　　）products.
   ア. dairy　イ. daily　ウ. diary　エ. dared　（高知大）

3. The security guard at the airport was very（　　）when he searched all our bags.
   ア. extensive　イ. absolute　ウ. thorough　エ. complete　（南山大）

✈ Section 15-3 単語番号 1401 〜 1500

Step 1 見出し語の意味とアクセントを確認しよう！ 🕐 目標時間 2 分

① 次の単語の意味をア〜エから選べ。

1.	depart	ア. 買い物する	イ. 到着する	ウ. 通学する	エ. 出発する
2.	dispose	ア. 妨げる	イ. 処分する	ウ. 投げる	エ. 廃止する
3.	sigh	ア. あくびをする	イ. 咳をする	ウ. 鼻をかむ	エ. ため息をつく
4.	theft	ア. 自殺	イ. 誘拐	ウ. 窃盗	エ. 殺人
5.	vacuum	ア. 真空	イ. 掃除	ウ. 直径	エ. 大気
6.	county	ア. 郡	イ. 県	ウ. 国	エ. 町
7.	outlook	ア. 出費	イ. 見解	ウ. 資産	エ. 福祉
8.	circulation	ア. 循環	イ. 交換	ウ. 自由	エ. 局面
9.	fierce	ア. 怖い	イ. 鋭い	ウ. 猛烈な	エ. 壮大な

② 次の日本語の意味を表す語をア〜ケから選べ。

1. 花が咲く　2. 引き起こす　3. 吹きかける　4. 住んでいる　5. 歪める

6. 織る　　　7. 洗練する　　8. 投棄する　　9. 徐々にむしばむ

ア. induce	イ. distort	ウ. dump
エ. bloom	オ. refine	カ. weave
キ. undermine	ク. spray	ケ. inhabit

③ 次の語の最も強く読まれる箇所を答えよ。

1. con-tra-dict
　 ア　イ　ウ

2. frag-ment 〔名詞〕
　 ア　 イ

3. des-ig-nate
　 ア　イ　ウ

4. sin-cere
　 ア　イ

5. tri-umph
　 ア　イ

Step 2 さらなる語彙力アップを目指そう！ 🕐 目標時間 1 分

① 次の 1 の語は類似する意味，2 〜 4 は反対の意味を持つ語を答えよ。

1. rubbish　2. underestimate　3. revenue　4. acute

② 次の語の形容詞形を答えよ。ただし -ed 形, -ing 形は除く。

　1. oblige　2. comprehend　3. compassion　4. encyclopedia　5. sphere

Step 3　例文で見出し語の用法を押さえよう！　◯ 目標時間 4 分

次の各文の（　　）に適する語をア〜クから選び, 全文を和訳せよ。

　1. He has completed a one-year （　　） with a law firm in Tokyo.
　2. He tried some folk （　　） for his illness.
　3. This chair helps people maintain a good （　　）.
　4. According to the recent national （　　）, the population is decreasing.
　5. The professor finally made a （　　） in biology.
　6. On （　　） of my whole family, I'd like to thank you for all your help.
　7. The company has decided to sell ceramic （　　） instead of metal ones.
　8. Tokyo Skytree is one of the newest （　　） in Tokyo.

　ア. behalf　　　　イ. blades　　　ウ. census　　　エ. posture
　オ. breakthrough　カ. internship　キ. remedies　　ク. landmarks

Challenge　入試問題に挑戦しよう！　◯ 目標時間 1 分 30 秒

次の 1 〜 3 の（　　）に入れるのに適するものを記号で答えよ。

　1. The novelist read her story out for almost half an hour and was delighted with the （　　） it was getting.
　　ア. fame　イ. pleasure　ウ. reception　エ. resolution　（上智大）
　2. X: What is the news on TV about?
　　Y: There was a （　　） between a Navy ship and a fishing boat.
　　ア. collision　イ. illusion　ウ. vision　エ. division　（北海学園大）
　3. The evidence was （　　） to prove that he was guilty of the crime, so the police had to let him go.
　　ア. incurable　イ. infectious　ウ. inflammatory　エ. insufficient （立命館大）

Part 3

ここで差がつく
難単語

400語

Step 1　見出し語の意味とアクセントを確認しよう！

🕐 目標時間 2 分

① 次の単語の意味をア～エから選べ。

1. halt　　　　ア. 嫌う　　　イ. 止める　　ウ. さらす　　エ. 競う
2. steer　　　 ア. 追い抜く　イ. 航行する　ウ. 操縦する　エ. 巡航する
3. speculate　ア. 瞑想する　イ. 公表する　ウ. 評価する　エ. 推測する
4. surplus　　ア. 赤字　　　イ. 余剰　　　ウ. 指標　　　エ. 利益
5. realm　　　ア. 実行　　　イ. 領域　　　ウ. 財産　　　エ. 現実
6. spouse　　 ア. 配偶者　　イ. 監督者　　ウ. 反逆者　　エ. 聖職者
7. clash　　　ア. 衝撃　　　イ. 衝突　　　ウ. 圧縮　　　エ. 圧力
8. manuscript ア. 見出し　　イ. 台本　　　ウ. 議定書　　エ. 原稿
9. weird　　　ア. 異様な　　イ. ばかげた　ウ. 陰気な　　エ. 顕著な

② 次の日本語の意味を表す語をア～ケから選べ。

1. 押し入る　2. 収容する　　3. 浸す　　　4. 再開する　5. 興味を持たせる
6. 削除する　7. 目覚めさせる 8.（声）を発する　9. 腐敗する

ア. dip　　　　　　　イ. awaken　　　　　ウ. intrigue
エ. delete　　　　　オ. accommodate　　カ. decay
キ. resume　　　　　ク. squeeze　　　　　ケ. utter

③ 次の語の最も強く読まれる箇所を答えよ。

1. di-gest〔動詞〕　　　2. sur-pass　　　　3. fron-tier
　　ア　イ　　　　　　　　　ア　イ　　　　　　　ア　イ

4. in-tel-lect　　　5. li-brar-i-an
　　ア　イ　ウ　　　　　ア　イ　ウ　エ

Step 2　さらなる語い力アップを目指そう！

🕐 目標時間 1 分

① 次の語の名詞形を答えよ。ただし人を表す語・同じつづりの語は除く。

1. enroll　2. invade　3. jealous　4. legitimate　5. affluent

② 次の語の形容詞形を答えよ。ただし -ed 形，-ing 形は除く。

1. provoke　2. tolerate　3. entrepreneur　4. despair　5. tide

Step 3　例文で見出し語の用法を押さえよう！　⏱ 目標時間 4 分

次の各文の（　）に適する語をア〜クから選び，全文を和訳せよ。

1. The company has a major （　　　） in the project.
2. （　　　） such as religious beliefs or political concepts can lead to war.
3. Computers are getting faster at processing （　　　） these days.
4. The military has been creating a （　　　） against missiles.
5. Before the play, the actors put on costumes and （　　　）.
6. On Sundays he does the （　　　） and cleans his room.
7. If you have time, please answer the （　　　）.
8. He was determined to take （　　　） on his political enemies.

ア. algorithms　イ. shield　　ウ. ideologies　エ. laundry
オ. revenge　　カ. questionnaire　キ. stake　　ク. makeup

Challenge　入試問題に挑戦しよう！　⏱ 目標時間 1 分 30 秒

次の 1 〜 2 の（　）に入れるのに適するものを記号で答えよ。3 は和文に合うように（　）内の語(句)を並べ替えよ。

1. Only customers who are members of this store are （　　　） to purchase goods here.
   ア. granted　イ. entitled　ウ. offered　エ. considered　　（南山大）
2. Throughout the musician's life, playing the guitar was her （　　　）.
   ア. flexibility　イ. injection　ウ. obsession　エ. verse　　（立命館大）
3. 建物を出るまで写真撮影はご遠慮ください。
   Please (exit / photos / refrain from / taking / the / until / you) building.　　（立命館大）

Step 1 見出し語の意味と発音を確認しよう！

◯ 目標時間 2 分

① 次の単語の意味をア〜エから選べ。

1.	stir	ア. かき回す	イ. 引きずる	ウ. 磨く	エ. 捨て去る
2.	resign	ア. 呼び起こす	イ. 告白する	ウ. 我慢する	エ. 辞任する
3.	regain	ア. 取り替える	イ. 取り戻す	ウ. 拒絶する	エ. 統合する
4.	crawl	ア. かがむ	イ. ひざまずく	ウ. はう	エ. 歩き回る
5.	sociology	ア. 物理学	イ. 地理学	ウ. 社会学	エ. 心理学
6.	shield	ア. 盾	イ. 銃弾	ウ. 枠	エ. 武器
7.	domain	ア. 支配	イ. 指標	ウ. 基盤	エ. 分野
8.	odor	ア. におい	イ. 騒音	ウ. 輝き	エ. 順番

② 次の日本語の意味を表す語をア〜ケから選べ。

1. 搾取工場　2. 余白　　3. 大草原　　　4. 銃弾　　5. 手足

6. 放射能　　7. ばかげた物　8. 親切なもてなし　9. 理論的枠組み

ア. prairie　　　　イ. sweatshop　　　ウ. hospitality

エ. margin　　　　オ. paradigm　　　カ. nonsense

キ. limb　　　　　ク. radiation　　　ケ. bullet

③ 次の語の下線部の発音と同じ発音の語をア〜エから選べ。

1.	h<u>al</u>t	ア. <u>au</u>thentic	イ. pr<u>ay</u>	ウ. cl<u>a</u>sh	エ. m<u>a</u>keup
2.	sp<u>ou</u>se	ア. s<u>oa</u>k	イ. pr<u>o</u>ne	ウ. unf<u>ol</u>d	エ. dr<u>ow</u>n
3.	r<u>ea</u>lm	ア. squ<u>ee</u>ze	イ. sh<u>ie</u>ld	ウ. fl<u>e</u>sh	エ. plac<u>e</u>bo

Step 2 さらなる語い力アップを目指そう！

◯ 目標時間 1 分

① 次の語の名詞形を答えよ。ただし人を表す語・同じつづりの語は除く。

1. utter　2. populate　3. dissolve　4. absurd　5. reassure

② 次の語の動詞形を答えよ。

　1. inflation　2. mummy　3. laundry　4. obsession　5. nursery

Step 3　例文で見出し語の用法を押さえよう！　　目標時間4分

次の各文の（　　）に適する語をア〜クから選び，全文を和訳せよ。

　1. The teacher explained how to collect（　　）evidence.
　2. There are（　　）varieties of chilies in Mexico.
　3. His friend was（　　）of his cooking skills.
　4. The rescue of victims requires（　　）action.
　5. I have a（　　）throat due to a cold.
　6. I tried in（　　）to persuade him to get along with his father.
　7. My grandfather is good at picking out（　　）mushrooms in the forest.
　8. He always gives us（　　）instructions.

　ア. empirical　　イ. sore　　　ウ. jealous　　エ. edible
　オ. vain　　　　カ. swift　　　キ. explicit　　ク. immense

Challenge　入試問題に挑戦しよう！　　目標時間1分30秒

次の1〜3の（　　）に入れるのに適するものを記号で答えよ。

　1. Recently, global warming caused by greenhouse gases has（　　）a reaction from people who tackle environmental problems.
　　ア. succeeded　イ. tolerated　ウ. provoked　エ. observed
　　　　　　　　　　　　　　　　　　　　　　　　　　　　（関西学院大）

　2. Shall we（　　）painting where we stopped yesterday?
　　ア. assure　イ. resume　ウ. restore　エ. assume　　（群馬大）

　3. Many fish are dying because the river is（　　）with the chemicals from the factory.
　　ア. cleaned　イ. collapsed　ウ. consumed　エ. contaminated
　　　　　　　　　　　　　　　　　　　　　　　　　　　　（法政大）

Step 1 見出し語の意味とアクセントを確認しよう！

🕐 目標時間 2 分

① 次の単語の意味をア〜エから選べ。

1. drown	ア. はう	イ. かがむ	ウ. 懇願する	エ. 溺死する
2. pray	ア. 祈る	イ. 上回る	ウ. うらやむ	エ. 誓う
3. dissolve	ア. 溶かす	イ. 慰める	ウ. 解決する	エ. 精製する
4. soak	ア. すする	イ. 浸す	ウ. 沈む	エ. 潜る
5. swell	ア. 破裂する	イ. 縮む	ウ. 伸びる	エ. 膨張する
6. frontier	ア. 陰	イ. 領土	ウ. 最先端	エ. 玄関
7. flesh	ア. 細胞	イ. 細菌	ウ. 皮質	エ. 肉
8. placebo	ア. 偽薬	イ. 錠剤	ウ. 診療	エ. 薬剤
9. librarian	ア. 僧侶	イ. 司書	ウ. 歩行者	エ. 陪審員

② 次の日本語の意味を表す語をア〜ケから選べ。

1. 本物の　　2. 不安な　　3. 空洞の　　4. 大まかな　　5. 悲観的な

6. 食用の　　7. なりやすい　8. 裕福な　　9. 影響を受けやすい

ア. uneasy　　　　　イ. prone　　　　　ウ. susceptible

エ. edible　　　　　オ. hollow　　　　　カ. crude

キ. pessimistic　　　ク. authentic　　　ケ. affluent

③ 次の語の最も強く読まれる箇所を答えよ。

1. con-tam-i-nate
 ア　イ　ウ　エ

2. con-fess
 ア　イ

3. ques-tion-naire
 ア　イ　ウ

4. man-u-script
 ア　イ　ウ

5. ac-ci-den-tal
 ア　イ　ウ　エ

Step 2 さらなる語彙力アップを目指そう！

🕐 目標時間 1 分

① 次の 1 〜 2 は類似する意味，3 〜 4 は反対の意味を持つ語をア〜エから選べ。

1. decay　　　2. weird　　　3. feminine　　　4. surplus

ア. rot　　　イ. masculine　　ウ. shortage　　エ. bizarre

② 次の語の形容詞形を答えよ。ただし -ed 形，-ing 形は除く。

1. speculate　2. envy　3. ideology　4. radiation　5. hygiene

Step 3　例文で見出し語の用法を押さえよう！　⏰ 目標時間 4 分

次の各文の（　）に適する語をア〜クから選び，全文を和訳せよ。

1. This area is （　　）with natural beauty.
2. While in Japan, Lucas tried to （　　）to Japanese customs.
3. Members of the store are （　　）to a five percent discount.
4. Politicians should （　　）from using bad language.
5. The surgeon successfully （　　）a heart into the child.
6. We all agreed to （　　）Mr. White music director of our orchestra.
7. She （　　）the letter inside the envelope.
8. He （　　）a new business plan while taking a bath.

ア. appoint　　イ. transplanted　ウ. blessed　　エ. refrain
オ. entitled　　カ. unfolded　　キ. conform　　ク. conceived

Challenge　入試問題に挑戦しよう！　⏰ 目標時間 1 分 30 秒

次の 1〜3 の（　）に入れるのに適するものを記号で答えよ。

1. Our homes are already filled with many products and there is no space to （　　）new purchases.
   ア. accommodate　イ. accompany　ウ. account　エ. accord
   （青山学院大）

2. It is （　　）to think that you could climb such a steep mountain in high-heeled shoes.
   ア. competent　イ. precise　ウ. specific　エ. absurd　（獨協大）

3. It is very likely that John is a （　　）genius.
   ア. purely　イ. rather　ウ. sheer　エ. really　（関西学院大）

Section 17-1　単語番号 1601 〜 1700

Step 1　見出し語の意味とアクセントを確認しよう！　⏱ 目標時間 2 分

① 次の単語の意味をア〜エから選べ。

1.	surge	ア. 回転する	イ. 一致する	ウ. 憤慨する	エ. 殺到する
2.	prescribe	ア. 同封する	イ. 診断する	ウ. 感知する	エ. 処方する
3.	smash	ア. 挟む	イ. 粉砕する	ウ. 切断する	エ. 圧縮する
4.	draft	ア. 選択肢	イ. 論評	ウ. 下書き	エ. 分類
5.	bureau	ア. 軍隊	イ. 局	ウ. 事業	エ. 共和国
6.	anthropology	ア. 人類学	イ. 考古学	ウ. 植物学	エ. 占星術
7.	stall	ア. 露店	イ. 商店	ウ. 食料雑貨店	エ. 小売店
8.	irony	ア. 頑固	イ. 冗談	ウ. 皮肉	エ. 風味
9.	masculine	ア. 優しい	イ. 粗野な	ウ. 激しい	エ. 男らしい

② 次の日本語の意味を表す語をア〜ケから選べ。

1. 文字どおりの　2. 中級の　　3. 熱の　　4. かすかな　　5. お人よしの
6. 外向的な　7. 厳しい　　8. 匿名の　　9. 永遠の

ア. intermediate　　イ. anonymous　　ウ. rigid
エ. eternal　　オ. literal　　カ. naive
キ. faint　　ク. thermal　　ケ. extrovert

③ 次の語の最も強く読まれる箇所を答えよ。

1. in-sert〔動詞〕　　2. ex-ert　　3. dis-course〔名詞〕
　　ア　イ　　　　　　　　　ア　イ　　　　　　　　　ア　イ

4. ar-bi-trar-y　　5. con-spic-u-ous
　ア　イ　ウ　エ　　　　ア　　イ　ウ　エ

Step 2　さらなる語い力アップを目指そう！　⏱ 目標時間 1 分

① 次の語の名詞形を答えよ。ただし人を表す語・同じつづりの語は除く。

1. intervene　2. enclose　3. inquire　4. adverse　5. coherent

② 次の語の形容詞形を答えよ。ただし -ed 形，-ing 形は除く。

1. excel 2. addict 3. superstition 4. moisture 5. defect

Step 3 例文で見出し語の用法を押さえよう！　　　　⊘ 目標時間 4 分

次の各文の （　　）に適する語をア〜クから選び，全文を和訳せよ。

1. He （　　） to his secretary how to do her job.
2. She （　　） her fingers while listening to music.
3. He （　　） the marble into the shape of a bird.
4. The press （　　） the movie producer for his immoralities.
5. We （　　） far behind our competitors in productivity.
6. The boy was （　　） to his mother at the clinic.
7. The three children （　　） up and down on the bed.
8. My brother （　　） to be a top basketball player.

ア. aspires　　　イ. condemned　ウ. clinging　　エ. snapped
オ. bounced　　カ. lag　　　　　キ. dictated　　ク. carved

次の 1 の（　　）に入れるのに適するものを記号で答えよ。2 は和文に合うように
（　　）内の語（句）を並べ替えよ。

1. The plane was flying at quite a high （　　）.
   ア. adversity　イ. altitude　ウ. division　エ. torch　　　（立命館大）
2. アンティークの時計を持つときに出くわす最大の問題のひとつは，修理で
   きる人がほとんど見つからないということです。
   One of the biggest problems (an antique watch / having /
   into / is / run / when / you'll) that you can find few
   people who can repair it.　　　　　　　　　　　　（武庫川女子大）

✈ Section 17-2　単語番号 1601 〜 1700

Step 1　見出し語の意味と発音を確認しよう！　⏱ 目標時間 2 分

① 次の単語の意味をア〜エから選べ。

1.	pledge	ア. 宣言する	イ. 熟考する	ウ. 誓う	エ. 憤慨する
2.	insert	ア. 挿入する	イ. 輸入する	ウ. 含む	エ. 移住する
3.	inquire	ア. 消化する	イ. 尋ねる	ウ. 暴く	エ. 募る
4.	timber	ア. 材料	イ. 木材	ウ. 鉱物	エ. 粘土
5.	discourse	ア. 輪郭	イ. 賛美	ウ. 名声	エ. 話し合い
6.	flame	ア. 大気	イ. 湿気	ウ. 真空	エ. 炎
7.	moisture	ア. 液体	イ. 水分	ウ. 侵食	エ. 油分
8.	astronomy	ア. 物理学	イ. 植物学	ウ. 生態学	エ. 天文学
9.	scope	ア. 幾何学	イ. 範囲	ウ. 設計	エ. 戦術

② 次の日本語の意味を表す語をア〜ケから選べ。

1. 追い抜く　　2. 抑制する　　3. (穀物など)をひく　4. 漏れる　　5. 不規則に広がる
6. 会話をする　7. 暗唱する　　8. 無視する　　9. 呼び起こす

ア. sprawl	イ. converse	ウ. grind
エ. leak	オ. recite	カ. inhibit
キ. overtake	ク. evoke	ケ. disregard

③ 次の語の下線部の発音と同じ発音の語をア〜エから選べ。

1.	ex̲ecute	ア. ex̲otic	イ. ex̲cel	ウ. ex̲am	エ. ex̲ert
2.	r̲o̲am	ア. b̲ou̲nce	イ. fr̲ow̲n	ウ. st̲a̲ll	エ. t̲o̲ll
3.	dr̲a̲ft	ア. r̲a̲ge	イ. w̲a̲rrior	ウ. ̲a̲pt	エ. er̲a̲se

Step 2　さらなる語い力アップを目指そう！　⏱ 目標時間 1 分

① 次の語の名詞形を答えよ。ただし人を表す語・同じつづりの語は除く。

1. collaborate　2. condemn　3. knit　4. rigid　5. eternal

② 次の語の形容詞形を答えよ。ただし -ed 形，-ing 形は除く。

1. stray　2. commerce　3. sorrow　4. irony　5. sanitation

Step 3　例文で見出し語の用法を押さえよう！　　◯ 目標時間 4 分

次の各文の（　　）に適する語をア〜クから選び，全文を和訳せよ。

1. The price for a (　　) of oil has been slowly increasing.
2. The girl loves to wear the knitted (　　) made by her mother.
3. He caught a (　　) of the aurora while in Alaska.
4. We can get information from the (　　) of the local history museum.
5. Future generations will be left with a (　　) of plastic pollution.
6. The space (　　) returned to the earth after a long trip.
7. He had the (　　) in his right lung surgically removed.
8. He reviewed his (　　) and realized he made a mistake.

ア. garment　　イ. barrel　　　ウ. glimpse　　　エ. archives
オ. arithmetic　カ. legacy　　　キ. tumors　　　ク. probe

Challenge　入試問題に挑戦しよう！　　◯ 目標時間 1 分 30 秒

次の 1 〜 3 の（　　）に入れるのに適するものを記号で答えよ。

1. Michael is very talented but his (　　) behavior isolates him from everyone else.
   ア. beneficial　イ. obligatory　ウ. grateful　エ. arrogant　　（日本大）
2. For your information, I have (　　) a list of books you will be required to read during this academic year.
   ア. confronted　イ. reminded　ウ. stored　エ. enclosed

   　　　　　　　　　　　　　　　　　　　　　　　　　　　（清泉女子大）
3. A (　　) in the building's electrical system caused the fire.
   ア. confuse　イ. failed　ウ. defect　エ. broken　　　（東京理科大）

Part 3 ここで差がつく難単語 400 語
✈ **Section 17-3** 単語番号 1601 〜 1700

英単語ターゲット 1900［6訂版］
p.420 〜 441
....
解答・解説編 p.50

Step 1 見出し語の意味とアクセントを確認しよう！　🕐 目標時間 2 分

① 次の単語の意味をア〜エから選べ。

1. roam 　　ア. 歩き回る　イ. 探し回る　ウ. はぐれる　エ. 追いかける

2. erase 　　ア. 追い抜く　イ. 同封する　ウ. 消す　　　エ. 暴く

3. frown 　　ア. あくびする　イ. 微笑む　ウ. 紅潮する　エ. 眉をひそめる

4. thread 　　ア. 針　　　　イ. 縄　　　ウ. 糸　　　　エ. 網

5. psychiatrist　ア. 精神科医　イ. 内科医　ウ. 外科医　エ. 小児科医

6. warrior 　　ア. 大使　　　イ. 僧侶　　ウ. 騎士　　　エ. 戦士

7. cabinet 　　ア. 議会　　　イ. 法定　　ウ. 国会　　　エ. 内閣

8. altitude 　　ア. 緯度　　　イ. 経度　　ウ. 速度　　　エ. 高度

9. coherent 　ア. 一貫した　イ. 一致した　ウ. 調和した　エ. 矛盾した

② 次の日本語の意味を表す語をア〜ケから選べ。

1. 啓蒙　　　2. 商業　　　3. 損害(の程度)　　4. 用語小辞典　5. 激怒

6. 行政区　　7. 長寿　　　8. 迷信　　　　　　9. 悲しみ

ア. ward 　　　　　　イ. enlightenment 　　ウ. commerce

エ. superstition 　　　オ. sorrow 　　　　　カ. rage

キ. toll 　　　　　　　ク. longevity 　　　　ケ. glossary

③ 次の語の最も強く読まれる箇所を答えよ。

1. con-vict〔動詞〕　　2. con-tem-plate　　3. in-tact
　　ア　イ　　　　　　　　ア　イ　ウ　　　　　ア　イ

4. an-thro-pol-o-gy　5. a-non-y-mous
　ア　イ　ウ エ オ　　　ア　イ　ウ　エ

Step 2 さらなる語い力アップを目指そう！　🕐 目標時間 1 分

① 次の語の名詞形を答えよ。ただし人を表す語・同じつづりの語は除く。

1. prosper　2. prescribe　3. coincide　4. betray　5. vigorous

② 次の語の形容詞形を答えよ。ただし -ed 形，-ing 形は除く。

1. grace　2. autonomy　3. flame　4. astronomy　5. sentiment

Step 3　例文で見出し語の用法を押さえよう！　　🕐 目標時間 4 分

次の各文の（　　）に適する語をア〜クから選び，全文を和訳せよ。

1. He gave a （　　） explanation for making the floor wet.
2. The new medicine may have （　　） effects on patients' skin.
3. It is hard to tell good things from junk at （　　） shops.
4. He did not like being in a （　　） position to his younger colleagues.
5. She is in a （　　） mood as it has been raining for three days.
6. A careless person is （　　） to make the same mistakes.
7. His （　　） speaking style helped him make many friends.
8. She was （　　） in wearing a red dress at the party last night.

ア. apt　　　　　イ. antique　　　ウ. conspicuous　　エ. adverse

オ. subordinate　カ. gloomy　　　キ. extrovert　　　ク. plausible

Challenge　入試問題に挑戦しよう！　　🕐 目標時間 1 分 30 秒

次の 1 の（　　）に入れるのに適するものを記号で答えよ。2 は和文に合うように（　　）内の語（句）を並べ替えよ。

1. We can ask questions and open up areas of their memories which would otherwise have been lost. But no special attempt was made by the interviewers to （　　） them.

　　ア. compromise　イ. evoke　ウ. issue　エ. serve　　　（青山学院大）

2. 彼らが情報を漏らすとは思いもしなかった。

　　Little (the news / I / that / think / leak out / would / did / they).

　　　　　　　　　　　　　　　　　　　　　　　　　　　（尾道市立大）

Section 18-1　単語番号 1701 ～ 1800

Step 1　見出し語の意味とアクセントを確認しよう！　⏰ 目標時間 2 分

① 次の単語の意味をア～エから選べ。

1. surrender　　ア. 放棄する　　イ. つまずく　　ウ. 痛む　　エ. 交代する
2. stain　　　　ア. むしばむ　　イ. 汚す　　　　ウ. 省く　　エ. 甘やかす
3. rotate　　　 ア. つまずく　　イ. 回転する　　ウ. 止まる　エ. 倒れる
4. entail　　　 ア. 引き受ける　イ. 浸す　　　　ウ. 吸収する　エ. 伴う
5. rebel　　　　ア. 議長　　　　イ. 反逆者　　　ウ. 代理人　エ. 行商人
6. specimen　　ア. 標本　　　　イ. 要素　　　　ウ. 特例　　エ. 矛盾
7. analogy　　　ア. 結束　　　　イ. 類推　　　　ウ. 逸話　　エ. 禁忌
8. plague　　　 ア. 疫病　　　　イ. 症候群　　　ウ. 発生　　エ. 病原体
9. ubiquitous　ア. 本物の　　　イ. 単調な　　　ウ. 至る所にある　エ. 信じられない

② 次の日本語の意味を表す語をア～ケから選べ。

1. 供給網　　2. 織物　　3. 馬車　　4. 保険料　　5. 議定書
6. 肝臓　　　7. 崩壊　　8. 必需食品　9. 商品

ア. grid　　　　　　イ. liver　　　　　　ウ. merchandise
エ. staple　　　　　オ. textile　　　　　カ. carriage
キ. breakdown　　　ク. protocol　　　　ケ. premium

③ 次の語の最も強く読まれる箇所を答えよ。

1. il-lu-mi-nate　　　2. di-vert　　　3. def-i-cit
　 ア イ ウ エ　　　　　 ア イ　　　　　 ア イ ウ
4. su-per-vi-sor　　　5. el-i-gi-ble
　 ア イ ウ エ　　　　　ア イ ウ エ

Step 2　さらなる語い力アップを目指そう！　⏰ 目標時間 1 分

① 次の語と類似する意味を持つ語(句)をア～エから選べ。

1. displace　　2. mock　　　3. await　　　4. stubborn
ア. wait for　　イ. make fun of　ウ. obstinate　エ. replace

② 次の語の動詞形を答えよ。

   1. paralysis 2. monopoly 3. certificate 4. ample 5. pervasive

Step 3   例文で見出し語の用法を押さえよう！   🕐 目標時間 4 分

次の各文の（   ）に適する語をア〜クから選び，全文を和訳せよ。

1. She is a (   ) student with many goals in life.
2. Unlike the U.S., Germany never abandoned (   ) education.
3. Many companies went (   ) during the recession.
4. You had better eat (   ) fruit before it goes bad.
5. My shoulder is (   ) because I used a computer for a long time.
6. I stood on the train because there were no (   ) seats.
7. He is studying (   ) phonetics at a London university.
8. The kids guessed the (   ) weight of the item on the table.

ア. vocational   イ. diligent   ウ. approximate   エ. vacant

オ. acoustic   カ. ripe   キ. stiff   ク. bankrupt

Challenge   入試問題に挑戦しよう！   🕐 目標時間 1 分 30 秒

次の 1 〜 2 の（   ）に入れるのに適するものを記号で答えよ。3 は和文に合うように（   ）内の語を並べ替えよ，ただし余分な語が 1 語含まれている。

1. It is a team which (   ) pride and spirit.
   ア. embodies イ. apart ウ. rises エ. depends   （東京理科大）

2. He struggled with his (   ) after he committed the crime.
   ア. conscience イ. consensus ウ. constitution エ. construction
      （武庫川女子大）

3. 森の中を一人で歩いている時，彼は後で恐竜の化石と判明するものを偶然見つけた。
   While he was walking alone in the woods, he (across / that / turned / what / out / stumbled) to be a dinosaur fossil.
      （成蹊大）

Section 18-2　単語番号 1701 〜 1800

Step 1　見出し語の意味と発音を確認しよう！　⏱ 目標時間 2 分

① 次の単語の意味をア〜エから選べ。

1. tease 　ア. 軽蔑する 　イ. からかう 　ウ. 慰める 　エ. おだてる
2. presume 　ア. 主張する 　イ. 思う 　ウ. 意味する 　エ. 処理する
3. blur 　ア. 強調する 　イ. 照らす 　ウ. 干渉する 　エ. ぼかす
4. haunt 　ア. つきまとう 　イ. 怖がらせる 　ウ. 追い抜く 　エ. 維持する
5. vessel 　ア. 乗り物 　イ. 防御物 　ウ. 歯車 　エ. 船舶
6. personnel 　ア. 前任者 　イ. 視察者 　ウ. 監督者 　エ. 職員
7. feat 　ア. 記念日 　イ. 祝宴 　ウ. 偉業 　エ. 優美
8. implicit 　ア. 暗黙の 　イ. 用心深い 　ウ. 懐疑的な 　エ. 雄弁な

② 次の日本語の意味を表す語をア〜ケから選べ。

1. 固有の 　2. 厳しい 　3. 予備の 　4. 適格の 　5. 頑固な
6. 母の 　7. 肥沃な 　8. 廃れた 　9. 十分すぎるほどの

ア. eligible 　イ. ample 　ウ. maternal
エ. preliminary 　オ. stubborn 　カ. intrinsic
キ. obsolete 　ク. fertile 　ケ. stern

③ 次の語の下線部の発音と同じ発音の語をア〜エから選べ。

1. prestige 　ア. rhyme 　イ. grid 　ウ. regime 　エ. liver
2. acoustic 　ア. soothe 　イ. flush 　ウ. disclose 　エ. shun
3. approximate 　ア. console 　イ. protocol 　ウ. rotate 　エ. mock

Step 2　さらなる語い力アップを目指そう！　⏱ 目標時間 1 分

① 次の語の名詞形を答えよ。ただし人を表す語・同じつづりの語は除く。

1. console 　2. hinder 　3. suck 　4. diligent 　5. vacant

116

② 次の語の形容詞形を答えよ。ただし -ed 形，-ing 形は除く。

1. tactics 2. hazard 3. metabolism 4. courtesy 5. biography

Step 3 例文で見出し語の用法を押さえよう！ 目標時間4分

次の各文の（　）に適する語をア〜クから選び，全文を和訳せよ。

1. He was （　　） to work in harsh conditions.
2. Many people （　　） about their daily lives on their smartphones.
3. Smartphones are deeply （　　） in our daily lives.
4. The power failure （　　） the laboratory useless.
5. He （　　） in the game console and started playing immediately.
6. She （　　） on a rough road.
7. He （　　） that he never said such a thing.
8. He （　　） the dishes from the kitchen and set them out on the table.

ア. embedded　　イ. stumbled　　ウ. plugged　　エ. constrained
オ. fetched　　カ. contends　　キ. rendered　　ク. tweet

Challenge 入試問題に挑戦しよう！ 目標時間1分30秒

次の1の（　）に入れるのに適するものを記号で答えよ。2は下線部の意味に最も近い語を記号で答えよ。

1. Putting oil on the machine parts will minimize the （　　）.

　　ア. friction　イ. fossil　ウ. flatter　エ. fluent　　　　　　（東京理科大）

2. This submarine can endure high pressures and dive as deep as 6,000 meters.

　　ア. transport　イ. withstand　ウ. detect　エ. create　　　（東海大）

✈ Section 18-3 　単語番号 1701 〜 1800

Step 1 　見出し語の意味とアクセントを確認しよう！ 🕐 目標時間 2 分

① 次の単語の意味をア〜エから選べ。

1.	soothe	ア. 誘惑する	イ. 震える	ウ. なだめる	エ. 熱望する
2.	unify	ア. 区別する	イ. 分割する	ウ. 統合する	エ. 比較する
3.	roar	ア. 泣く	イ. うなる	ウ. 知らせる	エ. 慰める
4.	inspect	ア. 点検する	イ. 修理する	ウ. 調整する	エ. 尋問する
5.	regime	ア. 裁判所	イ. 政権	ウ. 議会	エ. 内閣
6.	prestige	ア. 名声	イ. 特権	ウ. 功績	エ. 傑作
7.	paralysis	ア. 疾患	イ. 麻痺	ウ. 代謝	エ. 疫病
8.	supervisor	ア. 経営者	イ. 起業家	ウ. 後継者	エ. 監督者
9.	courtesy	ア. 誠実	イ. 礼儀正しさ	ウ. 勤勉	エ. 良心

② 次の日本語の意味を表す語をア〜ケから選べ。

1. 具現する　　2. 積む　　3. 耐える　　4. くしゃみをする　　5. 紅潮させる

6. (一部) 重なる　7. 突っ込む　　8. 避ける　　9. 正しさを証明する

ア. stack	イ. withstand	ウ. shun
エ. plunge	オ. flush	カ. sneeze
キ. overlap	ク. verify	ケ. embody

③ 次の語の最も強く読まれる箇所を答えよ。

1. com-pat-i-ble
　　ア　イ　ウ　エ

2. a-nal-o-gy
　　ア　イ　ウ　エ

3. con-science
　　ア　イ

4. mo-nop-o-ly
　　ア　イ　ウ　エ

5. ge-om-e-try
　　ア　イ　ウ　エ

Step 2 　さらなる語い力アップを目指そう！ 🕐 目標時間 1 分

① 次の語と反対の意味を持つ語をア〜エから選べ。

1. predecessor　2. symmetry　　3. maternal　　4. fertile

ア. asymmetry　イ. barren　　ウ. successor　　エ. paternal

② 次の語の名詞形を答えよ。ただし人を表す語・同じつづりの語は除く。

1. disclose　2. erupt　3. impair　4. bankrupt　5. punctual

Step 3　例文で見出し語の用法を押さえよう！　　⏱ 目標時間4分

次の各文の（　　）に適する語をア〜クから選び，全文を和訳せよ。

1. She accomplished a（　　）of winning three championships in a row.
2. Thousands of people died due to（　　）and famines.
3. Trade imbalances caused（　　）between America and Mexico.
4. We found a street（　　）selling ice cream.
5. We made a contract with a five-year（　　）with the company.
6. The museum houses several（　　）of modern art.
7. She chants a（　　）with her child every night.
8. She is still working on her doctoral（　　）.

ア. rhyme　　　　イ. plagues　　　ウ. vendor　　　エ. friction

オ. masterpieces　カ. thesis　　　キ. feat　　　　ク. duration

Challenge　入試問題に挑戦しよう！　　⏱ 目標時間1分30秒

次の1の（　　）に入れるのに適するものを記号で答えよ。2は2つの文の（　　）に共通で入るものを記号で答えよ。

1. Sue borrowed a blouse of mine and so I（　　）that she is going out for dinner.
   ア. attempt　イ. convince　ウ. presume　エ. persuade　（青山学院大）

2. ・They made an error that would come back to（　　）them for years to come.
   ・Café Pierre was a favorite（　　）of journalists and actors in this neighborhood.
   ア. place　イ. haunt　ウ. store　エ. sight　　　　（上智大）

Part 3　ここで差がつく難単語 400 語

✈ **Section 19-1**　単語番号 1801 〜 1900

英単語ターゲット 1900［6訂版］
p.464 〜 485
………………………………
解答・解説編 p.54

Step 1　見出し語の意味とアクセントを確認しよう！　🕐 目標時間 2 分

① 次の単語の意味をア〜エから選べ。

		ア	イ	ウ	エ
1.	merge	ア. 規制する	イ. 干渉する	ウ. 処理する	エ. 合併する
2.	cherish	ア. 暗唱する	イ. むしばむ	ウ. 順応する	エ. 大切にする
3.	thrust	ア. 促進する	イ. 立ち向かう	ウ. 押しつける	エ. 捨て去る
4.	swear	ア. 信じる	イ. 実行する	ウ. ののしる	エ. 強く望む
5.	commence	ア. 続ける	イ. 中断する	ウ. 起こる	エ. 始まる
6.	reign	ア. 独占	イ. 治世	ウ. 内閣	エ. 君主国
7.	basin	ア. 流域	イ. 河川	ウ. 基盤	エ. 水路
8.	plight	ア. 悲惨	イ. 窮状	ウ. 大災害	エ. 退屈
9.	bribe	ア. 歳入	イ. 賄賂（わいろ）	ウ. 保険料	エ. 年金

② 次の日本語の意味を表す語をア〜ケから選べ。

1. 模擬実験する　2. 浸透する　　3. 値をつける　4. 堕落させる　5. 拷問にかける
6. 拾い読みする　7. 割り当てる　8. 期限が切れる　9. 備えつける

ア. furnish　　　　　イ. simulate　　　　ウ. penetrate

エ. allocate　　　　オ. torture　　　　　カ. expire

キ. bid　　　　　　ク. browse　　　　　ケ. corrupt

③ 次の語の最も強く読まれる箇所を答えよ。

1. off-set〔動詞〕　　2. ad-vent　　　　3. ex-ile
　　ア　イ　　　　　　　ア　イ　　　　　　ア　イ

4. e-clipse　　　　　5. rhet-o-ric
　ア　イ　　　　　　　ア　イ　ウ

Step 2　さらなる語い力アップを目指そう！　🕐 目標時間 1 分

① 次の語の名詞形を答えよ。ただし人を表す語・同じつづりの語は除く。

1. deduce　2. bleed　3. inject　4. comply　5. liable

② 次の語の形容詞形を答えよ。ただし -ed 形，-ing 形は除く。

1. resent　2. oppress　3. fallacy　4. mercy　5. greed

Step 3　例文で見出し語の用法を押さえよう！　⊘ 目標時間4分

次の各文の（　　）に適する語をア〜クから選び，全文を和訳せよ。

1. If you are in danger abroad, contact your country's (　　).
2. Caught in the rain, the man took (　　) under the bridge.
3. Kuala Lumpur is situated at a (　　) of about three degrees north.
4. He had to run an (　　) for his mother.
5. We missed the event due to traffic (　　).
6. The (　　) of residents in this area are Chinese.
7. Our college (　　) will be held next month.
8. She found truth in the (　　) of the religion.

ア. doctrines　　イ. congestion　　ウ. reunion　　エ. embassy
オ. refuge　　カ. bulk　　キ. errand　　ク. latitude

Challenge　入試問題に挑戦しよう！　⊘ 目標時間1分30秒

次の1の（　　）に入れるのに適するものを記号で答えよ。2は和文に合うように
（　　）内の語を並べ替えよ。

1. The lawsuit (　　) that the company was aware of cancer risk associated with the dry chemical powder but concealed that information from the public.
   ア. alleged　イ. facilitated　ウ. filed　エ. sued　　（慶應義塾大）

2. 東京では梅雨が明けるといつも蒸し暑い夏がくる。
   A hot and (follows / humid / season / summer / rainy / the / always) in Tokyo.　　（白百合女子大）

Step 1 見出し語の意味と発音を確認しよう！

🕐 目標時間 2 分

① 次の単語の意味をア〜エから選べ。

1. assault　　ア. 追放する　イ. 侵入する　ウ. 撤回する　エ. 暴行する
2. nourish　　ア. 栄養を与える　イ. 移植する　ウ. 分割する　エ. 権利を与える
3. forge　　　ア. 強化する　イ. 形作る　ウ. 偽造する　エ. 反省する
4. attorney　　ア. 弁護士　イ. 税理士　ウ. 大使　エ. 外交官
5. archaeology ア. 建築　　イ. 貴族　　ウ. 考古学　エ. 人類学
6. diplomacy　ア. 仲介　　イ. 協定　　ウ. 外交　　エ. 使命
7. thirst　　　ア. 飢え　　イ. 焦燥　　ウ. 疲労　　エ. 渇き
8. furious　　ア. 雄弁な　イ. 臆病な　ウ. 激怒した　エ. 無謀な

② 次の日本語の意味を表す語をア〜ケから選べ。

1. 補完物　　2. 住宅ローン 3. 衣装一式　4. 感触　　5. 干し草
6. 誤った考え 7. 慈悲　　8. 韻文　　9. 強欲

ア. verse　　　　イ. texture　　　ウ. fallacy
エ. mortgage　　オ. outfit　　　　カ. greed
キ. hay　　　　　ク. mercy　　　　ケ. complement

③ 次の語の下線部の発音と同じ発音の語をア〜エから選べ。

1. reign　ア. compile　イ. cater　ウ. plight　エ. simulate
2. dread　ア. erect　イ. sewage　ウ. bleed　エ. weary
3. dumb　ア. bid　イ. embark　ウ. numb　エ. basin

Step 2 さらなる語い力アップを目指そう！

🕐 目標時間 1 分

① 次の語と類似する意味を持つ語をア〜エから選べ。

1. mourn　　2. flap　　3. abrupt　　4. notorious
ア. flutter　イ. infamous　ウ. grieve　エ. sudden

② 次の語の動詞形を答えよ。

1. erosion　2. subsidy　3. harassment　4. perpetual　5. weary

Step 3　例文で見出し語の用法を押さえよう！　⏱ 目標時間4分

次の各文の（　　）に適する語をア〜クから選び，全文を和訳せよ。

1. I am learning the （　　） approach in my philosophy course.
2. People are （　　） to make mistakes when they are in a hurry.
3. Her （　　） efforts resulted in a major medical discovery.
4. He had his driver's license suspended for （　　） driving.
5. The rise in （　　） crimes has become a problem in this area.
6. It is hot and （　　） in Tokyo in summer.
7. （　　） diseases are likely to spread in crowded places.
8. He felt （　　） with the heat, so he rested under the tree.

ア. reckless　　イ. juvenile　　ウ. holistic　　エ. liable
オ. humid　　カ. contagious　　キ. earnest　　ク. dizzy

Challenge　入試問題に挑戦しよう！　⏱ 目標時間1分30秒

次の1〜2の（　　）に入れるのに適するものを記号で答えよ。

1. A large part of the water that falls on the land as rain （　　） deep into the ground, and is stored in the spaces between rocks.
   ア. associates　イ. corresponds　ウ. penetrates　エ. introduces
   （日本大）

2. Approximately two-thirds of this year's budget is （　　） to learning opportunities abroad for individuals.
   ア. divided　イ. included　ウ. allocated　エ. approved　（上智大）

Step 1 見出し語の意味とアクセントを確認しよう！ ⏱ 目標時間 2 分

① 次の単語の意味をア〜エから選べ。

1. reconcile ア. 一致させる イ. 回想する ウ. 迫害する エ. 解放する
2. erect ア. 建てる イ. 投票する ウ. 修正する エ. 選択する
3. dispatch ア. 取り除く イ. 派遣する ウ. 手放す エ. 促進する
4. allege ア. 主張する イ. 説明する ウ. 否定する エ. 非難する
5. sewage ア. 殺虫剤 イ. 廃棄物 ウ. 下水 エ. ごみ
6. mold ア. 血管 イ. 結び目 ウ. 鋳型 エ. 錠剤
7. orphan ア. 子孫 イ. 乳児 ウ. 孤児 エ. 素人
8. contempt ア. 落胆 イ. 軽蔑 ウ. 承諾 エ. 理解
9. dumb ア. 肥満した イ. 盲目の ウ. ばかげた エ. 不器用な

② 次の日本語の意味を表す語をア〜ケから選べ。

1. 理解できる 2. 雄弁な 3. 冷笑的な 4. 単調な 5. 麻痺した
6. 熱心な 7. 突然の 8. 悪名高い 9. 永続的な

ア. monotonous　イ. zealous　ウ. eloquent
エ. notorious　オ. numb　カ. abrupt
キ. intelligible　ク. perpetual　ケ. cynical

③ 次の語の最も強く読まれる箇所を答えよ。

1. ex-pel
　　ア　イ
2. em-bas-sy
　　ア　イ　ウ
3. ref-uge
　　ア　イ
4. er-rand
　　ア　イ
5. sol-i-tude
　　ア　イ　ウ

Step 2 さらなる語い力アップを目指そう！ ⏱ 目標時間 1 分

① 次の語と反対の意味を持つ語を答えよ。

1. ascend 2. verse 3. synthesis 4. mortal

② 次の語の名詞形を答えよ。ただし人を表す語・同じつづりの語は除く。

1. merge　2. arouse　3. restrain　4. furious　5. timid

Step 3　例文で見出し語の用法を押さえよう！　　⏱ 目標時間 4 分

次の各文の（　　）に適する語をア〜クから選び，全文を和訳せよ。

1. A famous restaurant will be （　　） their wedding.
2. All living creatures are （　　） to die in the end.
3. The children were （　　） with the influenza vaccine.
4. The man （　　） at the TV when the player missed a shot.
5. She is （　　） with taking care of her father.
6. The two singers have （　　） this album from live recordings.
7. Most of the universities （　　） with government regulations.
8. They have （　　） on a mission for space exploration.

ア. doomed　　イ. compiled　　ウ. swore　　エ. complied
オ. embarked　カ. injected　　キ. catering　ク. preoccupied

Challenge　入試問題に挑戦しよう！　　⏱ 目標時間 1 分 30 秒

次の 1 〜 2 が和文に合うように（　　）内の語(句)を並べ替えよ。

1. イギリス人が居住を始めるずっと前から，（アメリカの）中部大西洋岸地域は多民族が混在する地域だった。

   (before / English / of / well / advent / the) settlement, the mid-Atlantic already was a land of many peoples.　　(上智大)

2. 彼女は「求めなさい，そうすれば与えられるでしょう」という聖書の箇所を読んで，その聖句は熱心な祈りは叶えられるということを意味すると解釈した。

   She read "Ask and it shall be given you" from the Bible and (interpreted / would / the verse / earnest prayer / that / to mean) be answered.　　(上智大)

MEMO

MEMO

英単語ターゲット1900 実戦問題集

[6訂版]

別冊解答

TARGET 1900

旺文社

CONTENTS

Step 1

- ① 1.ア 2.ア 3.ウ 4.エ 5.イ 6.イ 7.イ 8.ア 9.ウ
- ② 1.イ 2.ウ 3.オ 4.ケ 5.カ 6.ク 7.キ 8.ア 9.エ
- ③ 1.イ 2.イ 3.ア 4.ウ 5.イ

Step 2

- ① 1.エ 2.イ 3.ア 4.ウ
- ② 1.improvement 2.production/product 3.possibility 4.similarity
  5.correction

Step 3

1.ア 2.カ 3.エ 4.ク 5.イ 6.キ 7.オ 8.ウ

和訳 1. 彼女の沈黙は彼女があなたに同意していないことを意味する。
2. 道路交通法はあなたがシートベルトを着用することを要求する。
3. 我がチームは顧客からの苦情を処理する。
4. 笑いは人間関係を強化するうえで重要な役割を果たす。
5. 彼女は人の顔に関して記憶力がよい。
6. 先生は彼が大学で物理学を学ぶことを提案した。
7. 日本では，子育てにかかわる男性が増えている。
8. 彼女は人の血液型はその人の性格に関連していると信じている。

Challenge

1.イ 2.ウ 3.ウ

解説 1. increase「〜を増やす」，legislation「法律」和訳新しい法律は，主要都市での犯罪率の増加に対する反応だった。
2. demand「〜を要求する」，call「〜を呼び起こす」，insist「〜を強く主張する」，offer「〜を提供する」和訳大勢の人の前でプレゼンテーションを行うことは何時間もの準備を必要とする。
3. effect「効果」，infection「感染（症）」，affection「愛情」，affect「〜に影響を及ぼす」和訳その薬の効果を感じるまで5分かかる。

Step 1

1. 1.ウ 2.イ 3.ア 4.エ 5.イ 6.ア 7.ウ 8.ア
2. 1.エ 2.オ 3.ク 4.カ 5.ケ 6.ウ 7.ア 8.キ 9.イ
3. 1.イ 2.ア 3.エ

Step 2

1. 1.existence 2.consideration 3.decision 4.politics/policy 5.tendency
2. 1.inclusive 2.valuable 3.influential 4.skillful 5.evident

Step 3

1.イ 2.カ 3.エ 4.ア 5.ク 6.オ 7.キ 8.ウ

和訳 1. 彼女はクラシック音楽に大いに興味があるようだ。
2.「ツイート」はもとは 140 文字までに限られていた。
3. 彼女はどうにかその口論に巻き込まれるのを避けた。
4. 研究結果はチームの予想と一致していた。
5. 列車は 10 分後に名古屋駅に到着する予定である。
6. 異常気象は人々の生活に悪影響を与えかねない。
7. 彼女の両親は彼女の結婚に反対した。
8. 部長は自分の新しい考えを実行することに決めた。

Challenge

1.イ 2.エ 3.エ

解説 1. for the benefit of 〜「〜の（利益の）ために」和訳 この図書館は地域社会のために有志の寄付により建てられた。
2. be on good terms with 〜「〜と仲が良い」和訳 彼らは近所の人々と仲が良い。
3. suggest「〜を提案する」和訳 彼女の母親は彼女にすべきことをア. 助言した／イ. 尋ねた／ウ. 示した／オ. 教えた。

Step 1

1. 1.イ 2.エ 3.イ 4.イ 5.ア 6.イ 7.エ 8.ウ 9.イ

Step 2

1　1.ウ　2.イ　3.エ　4.ア
2　1.description　2.dependence　3.reduction　4.likelihood　5.variety

Step 3

1.カ　2.ア　3.オ　4.エ　5.ウ　6.イ　7.ク　8.キ

和訳 1. そのスキャンダルはCEO(最高経営責任者)にその地位を辞することを強いた。

2. 彼の車はデザインと性能において私の車と似ている。

3. 私の町は風がよく吹く傾向がある。

4. 私たちは新しい税法のマイナス効果を心配している。

5. 彼女は1日に10個の英単語を覚えることに決めた。

6. テスト中に，その生徒は鉛筆で自分の解答に印をつけた。

7. 私は彼女に自分を一緒に連れて行くように要求した。

8. 彼女は仕事で昇進すると私は確信している。

Challenge

1.イ　2.イ　3.ア

解説 1. require ～ to *do*「～に…することを要求する」，be accustomed to ～「～に慣れている」**和訳**私は今学期，講義を8つ取る必要がある。つまり，アルバイトの1つを辞めないといけないということだ。

2. deal with ～「～を処理する」，process「～を加工処理する」，manage「～をなんとか成し遂げる」，communicate「～を伝達する」**和訳**顧客の苦情は通例企業の広報部によって処理される。

3. despite「～にもかかわらず」(前置詞)，nevertheless「それにもかかわらず」(副詞)，since「…なので」(接続詞)，though「…だけれども」(接続詞)**和訳**英国の涼しい気候はリンゴの栽培に最適なのにもかかわらず，英国で食べられるリンゴの4分の3近くが輸入されている。

Part 1 常に試験に出る基本単語800語
✈ **Section 2-1**　単語番号101〜200　問題編 **p.14**

Step 1

1　1.イ　2.ウ　3.エ　4.ウ　5.ア　6.イ　7.イ　8.ア　9.ウ
2　1.ウ　2.イ　3.カ　4.ケ　5.エ　6.ク　7.ア　8.キ　9.オ

③ 1.イ 2.イ 3.ア 4.ア 5.ア

Step 2

① 1.エ 2.ウ 3.イ 4.ア
② 1.expression 2.treatment 3.proof 4.determination 5.complexity

Step 3

1.エ 2.ク 3.オ 4.イ 5.ア 6.カ 7.ウ 8.キ

和訳 1. 宝くじが当たったと想像しなさい。
2. 彼女はどんな数学の問題もすぐに解くことができる。
3. コーヒーは心疾患のリスクを減らすと主張する科学者がいる。
4. オンラインでチャットをするのにあまりに長い時間を浪費するべきでない。
5. 印刷された本より電子書籍のほうを好む人がいる。
6. 今日，多くの人々は英語の能力を必要なものだと見なしている。
7. 厳しい法律は人々が凶悪犯罪を犯すのを妨げるかもしれない。
8. 世界中の多くの国々が自然災害に苦しんでいる。

Challenge

1.エ 2.ウ 3.エ

解説 1. recognize「〜を識別できる」, realize「〜に気づく」, understand「〜を理解する」, figure「〜と判断する」 和訳 私は顔を見てすぐに彼だとわかったが，彼の名前を覚えていなかった。
2. gain「〜を獲得する」, accomplish「〜を成し遂げる」, succeed「成功する」 和訳 ジョシュは，会社で信頼できる従業員だという非常に高い評価を得ている。
3. achieve「〜を達成する」, accept「〜を受け取る」, access「〜に接近する」, account（for 〜）「(〜を) 説明する」 和訳 かつて人生でやろうと計画していたことをすべて達成した人はあまりいない。

Part 1 常に試験に出る基本単語 800 語
✈ Section 2-2 単語番号 101 〜 200
問題編
p.16

Step 1

① 1.ウ 2.イ 3.ア 4.イ 5.エ 6.ア 7.エ 8.エ
② 1.ア 2.エ 3.ウ 4.オ 5.イ 6.キ 7.カ 8.ク 9.ケ
③ 1.ア 2.エ 3.エ

Step 2

① 1.mentality　2.establishment　3.performance　4.significance
　5.supposition
② 1.wasteful　2.stressful　3.characteristic　4.advantageous　5.medical

Step 3

1.オ　2.ク　3.ア　4.ウ　5.エ　6.キ　7.カ　8.イ

和訳 1. その記事はダーウィンの進化論に言及している。
　2. 教師はなぜジョンが今日の授業に出席していないのかなと思った。
　3. 彼はその国は新しいエネルギー政策を必要としていると主張する。
　4. 彼は一連の実験から1つの結論を出した。
　5. この発電所は市全体に電気を供給している。
　6. そのコンピューター会社は自社の商品設計に新しい理論を適用した。
　7. 警察は一晩中行方不明者を捜した。
　8. 今日では，多くの人がテレビをインターネットにつないでいる。

Challenge

1.ウ　2.ア　3.ウ

解説 1. suffer from ～「～で苦しむ」，affect「～に影響を及ぼす」
　2. on account of ～「～のせいで」，on behalf of ～「～に代わって」，result「結果」，principle「原理」**和訳**列車は悪天候のせいで遅れた。
　3. essential「必要不可欠な」，certain「確かな」，definite「明確な」**和訳**ケンタが電車に間に合うためには12時40分までに駅にいることが不可欠だ。

| Part 1 常に試験に出る基本単語800語　✈ **Section 2-3**　単語番号101～200 | 問題編 **p.18** |

Step 1

① 1.エ　2.イ　3.エ　4.ア　5.ウ　6.ア　7.ウ　8.イ　9.ウ
② 1.キ　2.イ　3.ウ　4.カ　5.ア　6.ク　7.オ　8.ケ　9.エ
③ 1.イ　2.イ　3.イ　4.ア　5.イ

Step 2

① 1.mobility　2.publication　3.preparation　4.survival　5.activity
② 1.respectful　2.methodical　3.regional　4.cellular　5.resourceful

Step 3

1.ク 2.カ 3.ウ 4.エ 5.イ 6.オ 7.キ 8.ア

和訳 1. たいていの日本人は毎日英語を使う機会がない。
　　 2. 私たちはオリンピック選手に対して肯定的な印象を抱いている。
　　 3. ハリケーンはその市に大きな損害を与えた。
　　 4. 資源の無駄遣いは環境に悪影響を及ぼす。
　　 5. 最近では人々は簡単にインターネットを利用することができる。
　　 6. 彼は食事時にEメールのメッセージをチェックする習慣がある。
　　 7. 異常気象と地球温暖化との間には強い関連がある。
　　 8. たとえば本を読むとき，私たちは目を素早く動かす。

Challenge

1.エ 2.ア 3.エ

解説 1. prove「わかる」, consider「～について考える」, look on *A* as *B*「AをBと見なす」
　　 和訳 その小説家は戦争中に病院で働いていたが，そのことが彼女に医学の知識を与え，
　　 後に犯罪小説家としての彼女の仕事に役立った。
　　 2. character「性格，個性」, feature「特徴」, property「財産」, trait「特性」
　　 和訳 そんなことを言うなんてまったく彼女らしくない。
　　 3. it is worth *doing A*「Aは…するに値する」, excess「超過」和訳 その政策が他
　　 のほとんどの国でまったく同じであることは，この時点で述べるに値する。

Part 1 常に試験に出る基本単語800語
Section 3-1　単語番号201〜300　問題編 p.20

Step 1

① 1.ア 2.イ 3.ア 4.エ 5.イ 6.ア 7.エ 8.ウ 9.ウ
② 1.イ 2.ア 3.ケ 4.キ 5.ウ 6.ク 7.エ 8.カ 9.オ
③ 1.イ 2.イ 3.イ 4.ア 5.イ

Step 2

① 1.イ 2.ウ 3.エ 4.ア
② 1.association 2.success/succession 3.reflection/reflex
　 4.estimation 5.satisfaction

Step 3

1.カ 2.オ 3.ク 4.ア 5.ウ 6.エ 7.イ 8.キ

和訳 1. 人々はもっと魅力的に見えるように最新の流行を追うことが多い。
2. 私が前もってタクシーを呼んだとき特別料金が追加された。
3. もう1人の指導者とは対照的に，彼は国民に直接話しかけた。
4. 女性たちの平等の権利を求める闘いは今日でも重要な問題である。
5. 化石燃料を燃やすことは地球温暖化の一因である。
6. 空港に向かう道路は交通が激しい。
7. そのウェブサイトは現在，訪問者数の経過を追っている。
8. 医学は重病の治療において重要な進歩を遂げてきている。

Challenge

1.イ　2.イ　3.know how the cat managed to get through the window
解説 1. attract「~を引きつける」，interest「~に興味を起こさせる」**和訳**鮮やかな花はハチの注意を引きつける。
2. adapt to ~「~に適応する」，change「~を変える」，acquaint「~に知らせる」，familiarize「~を慣れさせる」**和訳**新入社員が効率よく仕事をしたいのであれば，会社の文化に適応できることが重要だ。
3. manage to *do*「なんとか…する」

Part 1 常に試験に出る基本単語 800 語
Section 3-2 単語番号 201 ～ 300　問題編 **p.22**

Step 1

① 1.エ　2.イ　3.ア　4.ウ　5.ア　6.エ　7.エ　8.イ
② 1.エ　2.カ　3.ア　4.ケ　5.オ　6.イ　7.ク　8.キ　9.ウ
③ 1.イ　2.ウ　3.ウ

Step 2

① 1.maintenance　2.replacement　3.revelation　4.cognition　5.vastness
② 1.ignorant　2.attentive　3.removable　4.racial　5.attractive

Step 3

1.キ　2.イ　3.ア　4.カ　5.エ　6.ウ　7.オ　8.ク
和訳 1. 浜辺は毎日の散歩にとって理想的な場所である。
2. タクシーの運転手はたいてい地元の道路に精通している。
3. その女性がその犯罪については無実であることは明らかだった。
4. その男性は道徳上の理由からその争いに加わるのを断った。
5. 1ドルはほぼ 100 円に等しい。

6. 彼の新しいコンピューターソフトは以前のどのバージョンよりもはるかにすぐれている。
7. 子供はある年齢以降は親から独立しているべきである。
8. 私の友人は私が新しいアパートに引っ越すのを手伝うことをいとわなかった。

Challenge

1.イ　2.ウ　3.イ

解説 1. contribute to ～「～に貢献する，～の一因となる」**和訳** チームでプレーするとき，メンバーの誰もが成功に貢献し，失敗の一因となる。

2. option「選択肢」, problem「問題」, need「必要なもの」, visitor「訪問者」**和訳** A：昨春に泊まったホテルは予約がいっぱいだよ。　B：別の選択肢を考えないといけないいね。

3. efficient「効率的な」, earnest「まじめな」, enthusiastic「熱狂的な」, urgent「緊急の」**和訳** 市庁舎は効率的な冷暖房システムを備えている。

Part 1 常に試験に出る基本単語 800 語
Section 3-3　単語番号 201 ～ 300

問題編
p.24

Step 1

① 1.イ　2.ウ　3.エ　4.ア　5.ア　6.イ　7.ア　8.イ　9.イ
② 1.ア　2.オ　3.キ　4.イ　5.ケ　6.エ　7.ウ　8.ク　9.カ
③ 1.ア　2.ア　3.ア　4.ア　5.ア

Step 2

① 1.increase　2.rural　3.descendant　4.rotation
② 1.definition　2.falseness　3.relaxation　4.rarity　5.actuality

Step 3

1.イ　2.エ　3.オ　4.ク　5.キ　6.ウ　7.ア　8.カ

和訳 1. 警官はその男性を犯人と特定した。
2. その学生は締め切り前になんとかレポートを仕上げることができた。
3. たいていの人は睡眠不足をよくある健康問題と結び付けて考える。
4. その小さな女の子は自分におもちゃを買ってくれるように両親を説得しようと試みた。
5. 彼女はその前向きな態度のおかげで，さまざまな状況に適応することができる。
6. 二酸化炭素は地球の気候変動の一因となる。
7. 赤ん坊は母親の心臓の鼓動に似たどんな音にもすぐに反応する。
8. 私たちは日本の列車がいつも定刻どおりに運行することを当然と思う傾向がある。

Challenge

1. ア　2. エ　3. ウ

解説 1. doubt that ... 「…ではないと思う」, hesitate「躊躇する」, suspect that ... 「…ではないかと思う」, suspicious「疑わしい」**和訳** 私は彼女が言ったことは真実ではないと思う。

2. entire「全体の」**和訳** 安定したサービスを提供するために，スタッフ全員が技能を向上させるために多大な努力をした。

3. whereas「〜するのに（対し）」, without「〜なしで」, despite「〜にもかかわらず」, unlike「〜と異なって」**和訳** 風力はクリーンなのに対し，石炭による発電は汚染を引き起こす。

Part 1 常に試験に出る基本単語800語
✈ Section 4-1　単語番号301〜400　問題編 p.26

Step 1

1. 1. ア　2. ア　3. ウ　4. エ　5. ウ　6. エ　7. ウ　8. ア　9. イ
2. 1. ケ　2. エ　3. キ　4. ウ　5. イ　6. ク　7. ア　8. カ　9. オ
3. 1. イ　2. イ　3. ア　4. イ　5. イ

Step 2

1. 1. prediction　2. preservation/preservative　3. refusal　4. complaint
5. severity
2. 1. expansive　2. critical　3. selective　4. circumstantial　5. wealthy

Step 3

1. オ　2. ア　3. キ　4. ク　5. イ　6. カ　7. エ　8. ウ

和訳 1. 私たちは昨夜ひどい交通渋滞にはまって動けなかった。

2. コミュニケーションの方法は文化によりさまざまである。

3. 彼女の卓越した文章能力は彼女がよい仕事を得るのを可能にした。

4. 私たちは人を外見で判断するべきではない。

5. 彼は大学でローマの歴史を教えることに従事している。

6. 人はときにインフルエンザを普通の風邪と混同する。

7. AIロボットはいつの日か育児に参加することができるようになるかもしれない。

8. その映画は私を退屈させたので，私は早めに映画館を出た。

Challenge

1.ウ　2.ア　3.イ

解説 1. extend「〜を延ばす」, expand「〜を拡大する」, spread「〜を広める」, enlarge「〜を大きくする」 和訳 私は日本での滞在を数日延長する。

2. be capable of 〜「〜の能力がある」, capacity「収容能力」, probable「十分にありそうな」, proximity「近接」 和訳 あなたは本当にプロジェクトをたった一人で仕上げる能力があると思いますか。

3. artificial「人工の」, animated「生き生きした」, physical「身体の」, racial「人種の」 和訳 もしサッカー選手が人工芝上でスライディングをしたら, 本当に痛いですか。

Part 1 常に試験に出る基本単語 800 語		問題編
Section 4-2	単語番号 301 〜 400	**p.28**

Step 1

1　1.イ　2.イ　3.エ　4.ウ　5.ア　6.イ　7.エ　8.ア
2　1.イ　2.ア　3.ウ　4.ケ　5.ク　6.オ　7.キ　8.カ　9.エ
3　1.ウ　2.イ　3.ウ

Step 2

1　1.trustworthy　2.repetitive　3.evolutionary　4.destructive
5.phenomenal
2　1.originate　2.threaten　3.symbolize　4.analyze　5.domesticate

Step 3

1.ア　2.ク　3.カ　4.オ　5.エ　6.キ　7.ウ　8.イ

和訳 1. 研究者は被験者を2つのグループに分けた。
2. その国は外国からの軍事支援に頼っていた。
3. そのジャーナリストは情報の出所についての質問に答えるのを拒んだ。
4. フィレンツェを訪れる者はそのすばらしい建築と美術作品に心を打たれる。
5. 医師は運動することが私の健康状態を改善すると私に確信させた。
6. 彼女は自分のパソコンに触らないように弟に注意した。
7. ドバイは砂漠に囲まれているのに砂を輸入する。
8. その本は事実をフィクションと結び付けている。

Challenge

1.ア　2.イ　3.ウ

解説 1. predict「〜を予測する」，advise「〜に助言する」，produce「〜を生産する」，achieve「〜を達成する」 和訳 ほとんどの経済学者は，消費税増税後，経済成長の低下を予測している。

2. enable 〜 to *do*「〜が…できるようにする」，convince 〜 to *do*「〜に…するよう納得させる」，require 〜 to *do*「〜に…することを要求する」，tell 〜 to *do*「〜に…するように言う」 和訳 インターネットのおかげで人々は大量の情報に簡単にアクセスできる。

3. participate in 〜「〜に参加する」 和訳 この活動に参加したくないなら，私に知らせてください。

Part 1 常に試験に出る基本単語 800 語
✈ Section 4-3
単語番号 301 〜 400

問題編
p.30

Step 1

① 1.エ 2.ア 3.イ 4.ア 5.エ 6.ウ 7.イ 8.ウ 9.イ
② 1.カ 2.ク 3.ケ 4.オ 5.イ 6.エ 7.ア 8.キ 9.ウ
③ 1.イ 2.イ 3.ア 4.イ 5.ア

Step 2

① 1.イ 2.ア 3.エ 4.ウ
② 1.acquisition 2.consumption 3.intelligence 4.accuracy 5.type

Step 3

1.ク 2.オ 3.キ 4.イ 5.ウ 6.エ 7.ア 8.カ
和訳 1. 人に会ったときにほほえむことはよい作法である。
2. 宇宙船の開発のための巨額の資金を集めるためにインターネットが使われた。
3. フット教授は経済学に関する講義を行った。
4. 日本人には元日に神社に参拝するという慣習がある。
5. 人間の脳はコンピューターより速く情報を処理することができる。
6. 多くの企業が人工知能において進歩している。
7. ドイツは原子力の使用を徐々にやめることを決定した。
8. 一般的に言えば，あらゆる生き物は生物時計を有している。

Challenge

1.ウ 2.エ 3.ウ
解説 1. vary「さまざまである」，exchange「〜を交換する」，convert「〜を変える」
和訳 気候は国によってさまざまである。

2. adopt「〜を採用する」, afford「〜をする余裕がある」, appoint「〜を任命する」, appreciate「〜を感謝する」 **[和訳]** 多くの企業は，それほど暑くないときでも従業員にカジュアルな服装をさせるという新しい方針を採用している。

3. severe「猛烈な」, strict「厳格な」, tough「困難な」 **[和訳]** ビルは今朝首に猛烈な痛みを感じて起き，頭の向きを変えると常に痛みが走る。

Part 1 常に試験に出る基本単語 800 語
✈ Section 5-1
単語番号401〜500

問題編 p.32

Step 1

① 1.エ 2.ア 3.ウ 4.ウ 5.イ 6.エ 7.ウ 8.エ 9.イ
② 1.エ 2.ク 3.ア 4.ケ 5.オ 6.カ 7.イ 8.ウ 9.キ
③ 1.イ 2.ア 3.ア 4.ア 5.ア

Step 2

① 1.エ 2.ウ 3.イ 4.ア
② 1.facilitate 2.categorize 3.confide 4.victimize 5.multiply

Step 3

1.キ 2.カ 3.エ 4.ク 5.ア 6.イ 7.ウ 8.オ
[和訳] 1. 常に上司の指示に従う必要はない。
2. 宗教を信じないと言う人が増えている。
3. 年に1度の健康診断がもうすぐやってくる。
4. どの種類の芸術がほかのものよりすぐれているかを決めるのは，容易ではない。
5. 乾燥した天気は作物に深刻な害を引き起こした。
6. 私の歯は冷たい物に極めて敏感である。
7. 私は別々の時に2度彼に会ったことがある。
8. あらゆる職業において働く機会は性別にかかわらず均等であるべきである。

Challenge

1.イ 2.ウ 3.ウ
[解説] 1. recommend「〜を勧める」, decide「〜を決める」, select「〜を選ぶ」 **[和訳]** チーズケーキとアップルパイのどちらかを選ぶことはできません。あなたはどちらを勧めますか。
2. locate「（受身形で）位置する」, disturb「〜をかき乱す」, hang「〜を掛ける」, score「（点）を取る」 **[和訳]** 当社の新しい工場は川から約2マイルのところにある。
3. expose *A* to *B*「AをBにさらす」の受身形。aware「気づいて」, conscience「良心」 **[和訳]** 旅行に行くと，あなたは絶えず新しい考えにさらされる。

Step 1

1 1.ウ 2.イ 3.イ 4.エ 5.ウ 6.ア 7.イ 8.エ
2 1.ケ 2.ク 3.イ 4.カ 5.エ 6.オ 7.キ 8.ア 9.ウ
3 1.ア 2.イ 3.エ

Step 2

1 1.strange 2.quality 3.inferior 4.criminal
2 1.amazement 2.delivery 3.denial 4.sufficiency 5.sensitivity

Step 3

1.エ 2.キ 3.オ 4.ク 5.ウ 6.カ 7.イ 8.ア

和訳 1. 医師は彼女が肉と卵をもっと食べるように勧めた。
2. 私は父のお気に入りの時計をなくしたことを認めた。
3. 私たちは新しい販売計画は以前のものよりもよいと結論づけた。
4. その歌はいつも私に古きよき時代を思い出させる。
5. 日本の農家の人たちは自由貿易からの保護を求めて政府に訴えた。
6. 彼はひとりで学校に歩いて行くと主張した。
7. 彼は会社が省エネ設備を事務所に導入することを提案した。
8. イギリス社会は多様な文化から成る。

Challenge

1.エ 2.エ 3.Acting contrary to what people expect of us

解説 1. generate「(電気など) を発生させる」，aid「〜を助ける」，deprive「〜から (権利などを) 奪う」，dissolve「〜を溶かす」和訳 この機械は町のための電気を発生させる。
2. intend to *do*「…するつもりである」，participate「参加する」，appreciate「〜を感謝する」，please「〜を喜ばせる」和訳 その男性は顧客に会うつもりだったが，彼女は現れなかった。
3. contrary to 〜「〜と反対の」，expect「〜を期待する」和訳 人々が私たちに期待していることに反して行動することは，私たちが自由だと示すように見えるかもしれない。

Step 1

① 1.ウ　2.イ　3.ウ　4.ウ　5.エ　6.ア　7.ア　8.イ　9.ア
② 1.イ　2.ケ　3.オ　4.ア　5.ウ　6.エ　7.キ　8.ク　9.カ
③ 1.ア　2.ア　3.ア　4.ア　5.イ

Step 2

① 1.perception　2.civilization　3.conclusion　4.property　5.violence
② 1.behavioral　2.favorite/favorable　3.comfortable　4.tribal　5.diverse

Step 3

1.オ　2.キ　3.イ　4.ア　5.エ　6.ク　7.ウ　8.カ

和訳 1. 私はぜいたく品を買う余裕がない。
2. 図書館は大通りに位置している。
3. 私たちはときどき写しを原本と区別しそこなう。
4. 日本の格安航空会社は，ヨーロッパの競合他社と競争することになる。
5. ある雑誌はそのホテルを市の最高のものと位置づけた。
6. その政治家はそのような発言をしたことを否定した。
7. 日光に身体をさらすことは皮膚癌になる危険を増大させる。
8. ボランティア活動をすることは，他人を助けるように人を奮起させ得る。

Challenge

1.エ　2.イ

解説 1. consist of 〜「〜から成り立っている」，contain「〜を含む」，combine「〜を結び付ける」，compose「〜を構成する」 和訳イースタン・バレー大学は8つの学部から成っている。
2. regardless of 〜「〜に関係なく」，instead of 〜「〜の代わりに」，nevertheless「それにもかかわらず」，despite「〜にもかかわらず」 和訳郵便配達人は天気に関係なく毎日郵便を配達することが期待されている。

Step 1

① 1.エ 2.イ 3.ア 4.イ 5.エ 6.イ 7.ア 8.ア 9.エ
② 1.オ 2.エ 3.イ 4.ク 5.カ 6.ケ 7.ウ 8.ア 9.キ
③ 1.ウ 2.ア 3.イ 4.イ 5.ア

Step 2

① 1.innovate 2.expend 3.distinguish 4.stabilize 5.initiate
② 1.adjustment 2.absorption 3.disappointment 4.announcement
5.aggression

Step 3

1.イ 2.ア 3.カ 4.ウ 5.オ 6.エ 7.キ 8.ク
[和訳] 1. 客室乗務員は乗客全員に座ったままでいるように求めた。
2. 確実に安全ベルトが締まっているようにしてください。
3. 人間は主としてその大きな脳のためにほかの動物と異なる。
4. 彼女の同僚は彼女の成功をコンピューターハッカーの阻止に関する彼女の技術のおか
げだと思っている。
5. その弁護士は依頼人を助けられなかったことを悔やんでいる。
6. 私たちは不注意な発言をしたことでよく政治家を責める。
7. けがから回復するためにジョンは漢方医学を使った。
8. 生態学者は生物がどのように自らの環境と影響し合っているかを研究する。

Challenge

1.イ 2.エ 3.desired to be informed of the present
[解説] 1. insight「見識」, understanding「理解」, appearance「外観」, theory「学説」
[和訳] ヨシダ教授は国際政治への新しい見識を提供する論文を書いた。
2. flexible「融通の利く，柔軟な」, acceptable「容認できる」, assertive「はっき
り自己主張する」, changeable「気まぐれな」 [和訳] ベジタリアンのスーザンは牛肉
や鶏肉を食べることを拒否するが，家族はときどき彼女がもっと柔軟であればいいの
にと思っている。
3. inform *A* of *B*「B について A に知らせる」の受身形。chairperson「議長」,
earnestly「本気で」, present「現在の」

Step 1

① 1.ア　2.ア　3.ウ　4.ア　5.ウ　6.ア　7.イ　8.ウ
② 1.イ　2.ケ　3.ウ　4.カ　5.オ　6.ア　7.エ　8.ク　9.キ
③ 1.エ　2.ウ　3.イ

Step 2

① 1.エ　2.ア　3.ウ　4.イ
② 1.critical　2.opposite　3.different　4.corporate　5.disadvantageous

Step 3

1.ア　2.オ　3.ク　4.ウ　5.キ　6.イ　7.カ　8.エ
和訳 1. 私たちは夢を自分自身の本心の現れとして解釈することが多い。
　　2. 彼女は英語のエッセイを容易にフランス語に翻訳した。
　　3. 静かな図書館で私は勉強に集中することができる。
　　4. 計画のどんな変更も我々にお知らせください。
　　5. 私の妹は毎日ピアノの練習をするのをひどく嫌う。
　　6. 太陽電池パネルは太陽エネルギーを電力に変える。
　　7. 社会問題は文化的な相違から生じることもある。
　　8. 彼らはそのレストランのお粗末なサービスに失望した。

Challenge

1.ウ　　2.イ　　3.surprised to make an unexpected discovery even in my uneventful
解説 1. regret「〜を後悔する」, worry「〜を心配させる」, care「気遣う」, concern「(受身形で)心配している」**和訳** 私は新しい車を買うことを計画している。とても高いので, 後悔しないことを願う。
　　2. blame *A* on *B*「A の責任を B に負わせる」, fault「〜を非難する」, claim「〜と主張する」, accuse「〜を非難する」**和訳** ジョンは運転免許試験に不合格になったことを不運のせいにした。
　　3. unexpected「思いがけない」, make a discovery「発見する」, uneventful「平穏無事な」

19

Step 1

① 1.ア　2.エ　3.ウ　4.ア　5.ウ　6.ウ　7.ア　8.ア　9.ウ
② 1.ウ　2.ケ　3.ア　4.ク　5.キ　6.カ　7.オ　8.イ　9.エ
③ 1.ア　2.イ　3.ア　4.ウ　5.イ

Step 2

① 1.concrete　2.major　3.invisible　4.former
② 1.translation　2.emphasis　3.recovery　4.ethnicity　5.precision

Step 3

1.ク　2.イ　3.オ　4.キ　5.カ　6.ア　7.エ　8.ウ

和訳 1. 私は両親に 50 万円の借金がある。
  2. 今日はイタリア料理の気分だ。
  3. 君は緊急の場合にどうすべきかを知っておく必要がある。
  4. 長期的な防衛戦略は国家の安全保障にとって必要不可欠である。
  5. 総理大臣の説明はときに首尾一貫していなかった。
  6. レストランでチップを渡すことはたいていの日本人にとって異質な習慣である。
  7. 若者はよく自分の将来を心配している。
  8. 彼女はモナ・リザの正確な模写を描こうとした。

Challenge

1.ア　2.and the carelessness of those concerned has been criticized
3.been absorbed in playing online games when the power

解説 1. fee「料金」, fare「(乗り物の) 料金」, price「価格」, cost「費用」**和訳** 週末, 市立博物館は子供の入場料が安くなる。
  2. criticize「～を批判する」, carelessness「不注意」, concerned「関係のある」
  3. be absorbed in ～「～に夢中である」, power「電力」

Step 1

① 1.エ　2.ウ　3.ア　4.ウ　5.エ　6.イ　7.ア　8.エ　9.ア

② 1.キ　2.ア　3.エ　4.ク　5.ケ　6.カ　7.オ　8.ウ　9.イ
③ 1.ア　2.イ　3.イ　4.イ　5.イ

Step 2

① 1.abandonment　2.persuasion　3.impression　4.calculation/calculator
　5.relevance
② 1.inhabit　2.cooperate　3.conserve　4.summarize　5.rationalize

Step 3

1.イ　2.カ　3.オ　4.ア　5.ク　6.ウ　7.キ　8.エ

和訳 1. この絵画の値段は彼の月収に相当する。
　　2. 話すときは適切な口調を用いる必要がある。
　　3. 日本在住の外国人労働者は容易に日本の健康保険を利用することができる。
　　4. 毎年ますます多くの動物が絶滅している。
　　5. その研究チームは無作為抽出を使ってサンプルを集める。
　　6. 彼はほんの子供なのでばかげたことを言った。
　　7. 人々は突然の激しい雨から屋根付きの建物に避難した。
　　8. イギリスの食べ物はおいしくないという評判がある。

Challenge

1.ア　2.エ　3.ア

解説 1. be traced back to ～「～までさかのぼる」，evolve「(徐々に)発展する」，
　　　neglect「～を怠る」，retain「～を保持する」 和訳 うわさの元をたどると地元のジャー
　　　ナリストに行きついた。
　　2. advise「～に助言する」，admire「～に感心する」，admit「～を(しぶしぶ)認める」，
　　　advance「～を進歩させる」 和訳 海外に行くことを考えているなら，医療保険に入る
　　　ことを強く助言する。
　　3. cope with ～「～に対処する」，hold on ～「～をしっかり固定しておく」，
　　　engage「～を従事させる」(engage to ～の表現はない)，keep up ～「～を維
　　　持する」 和訳 あなたはあまりにも疲れすぎていて，子供の相手をする元気がない。

Part 1 常に試験に出る基本単語 800 語
Section 7-2　　単語番号601 〜 700

問題編
p.46

Step 1

① 1.イ　2.イ　3.ア　4.ア　5.ア　6.ウ　7.エ　8.ア
② 1.ク　2.ウ　3.ア　4.オ　5.カ　6.エ　7.ケ　8.イ　9.キ

③　1.イ　2.ウ　3.ア

Step 2

①　1.エ　2.イ　3.ア　4.ウ
②　1.reservation　2.pursuit　3.disturbance　4.frequency　5.extinction

Step 3

1.カ　2.ク　3.ウ　4.イ　5.キ　6.ア　7.オ　8.エ
和訳 1. 彼女は自分の会社の経営に専念している。
　　 2. 彼女はしばらくの間その思いがけない訪問者をじっと見た。
　　 3. 彼は自分の金の一部をハイテク株に投資した。
　　 4. 西洋演劇の歴史は古代ギリシャにまでさかのぼることができる。
　　 5. 医師はエラに乳製品をとるのを避けるように忠告した。
　　 6. パスポートを申請するのに，彼は申請書に写真を貼り付けた。
　　 7. 彼の車は道路をはずれて，木に衝突した。
　　 8. その小さな女の子は大きな犬におびえた。

Challenge

1.ア　2.エ　3.ア
解説 1. bother「～を悩ます」，damage「～に損害を与える」，harm「～を傷つける」，
　　 matter「重要である」**和訳** A:音楽がうるさいですか。音量を下げましょうか。　B:
　　 いいえ，大丈夫です。実のところ，気に入っています。
　　 2. suspect *A* of *B*「A に B の疑いをかける」の受身形。doubt「～ではないと思う」，
　　 blame「～を責める」，question「～に質問する」**和訳** 議員は，公的手当で 200 万
　　 円を不正利用した疑いをかけられている。
　　 3. have a reputation for ～「～という評判がある」，character「個性」，standard
　　 「基準」，status「地位」**和訳** スミス教授には厳しいが公平だという評判がある。

Part 1　常に試験に出る基本単語 800 語　　　　　　　　　問題編
～ Section 7-3　　単語番号 601 ～ 700　　**p.48**

Step 1

①　1.ア　2.ウ　3.エ　4.ウ　5.ア　6.ア　7.ウ　8.イ　9.ア
②　1.ウ　2.ケ　3.ア　4.ク　5.エ　6.キ　7.イ　8.オ　9.カ
③　1.イ　2.イ　3.ア　4.ア　5.イ

Step 2

① 1.export 2.maximum 3.dishonor 4.polite
② 1.captive 2.rental 3.prior 4.territorial 5.logical

Step 3

1.ク 2.オ 3.キ 4.カ 5.ウ 6.ア 7.エ 8.イ

和訳 1. 人生は自分の身に起こることにどう反応するかによって決定される。
2. 聴衆の大半は演説者の意見に不賛成であった。
3. 私はなんとか彼女を説得して私たちの申し出を受け入れさせた。
4. この問題にどう対処すればよいか私にはまったくわからない。
5. 守衛は私たちがビルに入るのを許さなかった。
6. 私は山頂からの美しい景色に感動した。
7. 私は彼女がうそをついたのではないかと思う。
8. 私たちは社会から犯罪を取り除く方策を考え出さなくてはならない。

Challenge

1.イ 2.イ 3.ウ

解説 1. remote「遠く離れた」, spread「広まり」, flat「平らな」, customized「注文で作られた」**和訳** その病気は近隣諸国の遠く離れた山岳地帯にまで広がった。
2. reserve「～を取っておく」, revise「～を修正する」, receive「～を受ける」, resign「～を辞任する」**和訳** ここに駐車してはいけません。この場所は居住者用に確保されています。
3. exception「例外」, permission「許可」, denying「否定すること」, opposition「反対」**和訳** 一度そのソフトウェアをインストールしたら, 店に返品はできません。この規則には例外はありません。

Part 1 常に試験に出る基本単語800語
Section 8-1 単語番号701 ～ 800 問題編 p.50

Step 1

① 1.エ 2.エ 3.エ 4.ア 5.イ 6.イ 7.ウ 8.エ 9.ウ
② 1.イ 2.ア 3.キ 4.カ 5.ウ 6.エ 7.ケ 8.ク 9.オ
③ 1.イ 2.ア 3.イ 4.ア 5.イ

Step 2

① 1.イ　2.ウ　3.ア　4.エ

② 1.dominant　2.restrictive　3.scary　4.wise　5.professional

Step 3

1.カ　2.キ　3.イ　4.ク　5.エ　6.オ　7.ア　8.ウ

和訳 1. 私たちは知らないことについて恥ずかしい思いをする必要はない。

2. 低金利は人々に銀行に預金する気をなくさせる。

3. 医師は患者に甘い物を食べるのをやめるように促した。

4. 出張の際，その秘書は常に社長に同行する。

5. 彼女は一日中歩いて疲れ果てた。

6. 彼はビジネスでの成功を幸運のおかげと考えた。

7. 私はあなたに全部で 30 ドルの借りがあることはわかっている。

8. 大学の教授はよく自分の学生に共同作業活動を割り当てる。

Challenge

1.ウ　2.ア　3.are given the opportunity to evaluate our instructors

解説 1. lend「～を貸す」，borrow「～を借りる」，charge「～を請求する」，owe「～に借りがある」**和訳** 週末，あなたに私の車を貸そう。

2. resist「～に抵抗する」，urge「衝動」，challenge「～に異議を唱える」**和訳** スコットはパイの最後の 1 切れを食べるという衝動に抗った。

3. evaluate「～を評価する」，give an opportunity to *do*「…する機会を与える」，instructor「指導員」

Part 1 常に試験に出る基本単語 800 語

✈ **Section 8-2**　　単語番号 701 ～ 800　　問題編 **p.52**

Step 1

① 1.ウ　2.エ　3.ウ　4.ア　5.イ　6.ア　7.イ　8.エ

② 1.カ　2.キ　3.イ　4.オ　5.ア　6.ク　7.ケ　8.ウ　9.エ

③ 1.ア　2.ウ　3.エ

Step 2

① 1.luck　2.encourage　3.abstract　4.inadequate

② 1.liquidize　2.use　3.liberate　4.appear　5.purify

Step 3

1.オ 2.ク 3.イ 4.エ 5.カ 6.ウ 7.キ 8.ア

和訳 1. 彼は外に出て新しいことに挑戦するのに気が進まないようである。
2. アメリカの多くの人は 40 以上のテレビチャンネルを享受している。
3. レベッカは友人にうそをついていることで気がとがめた。
4. 私は右の足首にわずかな痛みを感じた。
5. アメリカ経済はビジネスエリートに支配されているように思える。
6. その自動車産業は新しい電気モーターを開発中である。
7. ニューヨークを訪れる多くの人は，ブロードウェイミュージカルをしきりに見に行きたがる。
8. 多くの消費者は，価格と品質の間には密接な相関関係があると考えている。

Challenge

1.ア 2.ア 3.イ

解説 1. accompany「〜に同行する」，acquire「〜を得る」，analyze「〜を分析する」，arrange「〜の段取りをつける」**和訳** 社長が社長室であなたを待っているので，私と一緒に来てください。
2. attribute *A* to *B*「A を B のせいにする」，devote「〜をささげる」，offer「〜を提供する」，register「〜を登録する」**和訳** 私はこれを委員会側の先見性の欠如のせいだと思う。
3. owe「〜に借りがある」，rent「〜を賃借する」，loan「(人) に (金など) を貸し付ける」，lend「〜を貸す」**和訳** 先週，私は学校に財布を持っていくのを忘れ，ユミコに 1,000 円を借りた。私はそのことで彼女にいまだに借りがある。

Part 1 常に試験に出る基本単語 800 語

✈ Section 8-3　単語番号 701 〜 800

問題編
p.54

Step 1

① 1.ア 2.ウ 3.ア 4.ウ 5.イ 6.ア 7.イ 8.エ 9.ア
② 1.キ 2.ア 3.ケ 4.オ 5.エ 6.カ 7.ウ 8.ク 9.イ
③ 1.イ 2.ウ 3.イ 4.イ 5.ア

Step 2

① 1.イ 2.エ 3.ウ 4.ア
② 1.admiration 2.annoyance 3.accomplishment 4.resistance
5.eagerness

Step 3

1. エ　2. イ　3. ア　4. ク　5. キ　6. オ　7. ウ　8. カ

和訳 1. 彼女は自分の時間の多くをチームのプロジェクトにささげてきた。
2. その国は世界の他の国々から自ら孤立した。
3. 水質汚染は人々の健康を危険にさらす可能性がある。
4. 彼の会社は医療機器の輸入を専門に扱う。
5. 彼女は目を閉じて眠っているふりをした。
6. 彼は怒って完全に態度を逆転させた。
7. 彼女は外見が母親に似ている。
8. 彼は大阪支社をたたむという役員会の決定に抗議した。

Challenge

1. ウ　2. ウ　3. イ

解説 1. acknowledge「(事実など)を認める」，permit「〜を許可する」，agree「同意する」，believe「〜を信じる」 和訳 スーは交通事故を見たことを認めたが，何が起こったかをまったく説明できなかった。
2. guideline「指針」，dandelion「タンポポ」，deficit「赤字」，nomad「遊牧民」 和訳 講座の指針を入念に読んでください。
3. adequate「十分な」，ashamed「恥じて」，adverse「不都合な」，aggressive「攻撃的な」 和訳 私たちは新しい事業を立ち上げるための十分な財源を与えられている。

✈ Section 9-1　単語番号 801 〜 900　問題編 p.58

Step 1

① 1. ウ　2. イ　3. ウ　4. エ　5. エ　6. イ　7. ウ　8. ア　9. エ
② 1. ア　2. キ　3. ク　4. カ　5. ウ　6. オ　7. イ　8. ケ　9. エ
③ 1. イ　2. ア　3. イ　4. ア　5. ウ

Step 2

① 1. エ　2. ア　3. イ　4. ウ
② 1. assessment　2. immunity　3. frustration　4. casualty　5. steadiness

Step 3

1. イ　2. ク　3. カ　4. エ　5. オ　6. ア　7. キ　8. ウ

26

和訳 1. ジェーンの両親は彼女の海外留学に賛成した。
2. 私の友人は花火に驚嘆したと言った。
3. 熱波は高齢者に大きな健康上のリスクを引き起こす。
4. 彼はいつも親しげに隣人たちに挨拶する。
5. 新車の販売はその国の経済を押し上げる助けとなった。
6. 両チームとも選手の数が相手と一致していなければならない。
7. その国は移民に対しより厳しい制限を課すことを望んでいる。
8. その生徒は不品行で罰せられた。

Challenge

1.ウ　2.イ　3.held a clearance sale to get rid
解説 1. occupy「～を占める」, break「～を壊す」, starve「飢える」, run「～を経営する」
　　　和訳 ハムレットが本当に狂っていたかという疑問は何世代にもわたって批評家たちの
　　　心を占めてきた。
2. convert「～を変える」, replace「～に取って代わる」, reform「～を改革する」,
　　create「～を創り出す」**和訳** 図書館が画廊に変わると聞いたばかりだ。
3. get rid of ～「～を取り除く」, a clearance sale「在庫一掃セール」

Part 2　常に試験に出る重要単語 700 語
✈ Section 9-2　　単語番号 801 ～ 900　　問題編 **p.60**

Step 1

① 　1.イ　2.イ　3.ウ　4.イ　5.イ　6.ア　7.ア　8.エ
② 　1.ク　2.オ　3.キ　4.ケ　5.エ　6.カ　7.イ　8.ア　9.ウ
③ 　1.イ　2.ア　3.イ

Step 2

① 　1.relief　2.wedding　3.prohibition　4.exhibition　5.maturity
② 　1.delightful　2.defensive　3.nervous　4.infectious　5.humorous

Step 3

1.ク　2.エ　3.ア　4.キ　5.カ　6.オ　7.ウ　8.イ
和訳 1. 私はその単語がギリシャ語に由来することを知らなかった。
2. 市はその図書館を美術館に変えることを計画している。
3. 経済危機の間, 政府は一部の企業を倒産から救った。
4. 歯科医が私の歯の痛みを取り除いた。
5. 委員会は異なる分野の 6 人の専門家から成る。

6. 同僚が彼女の指示を誤解し，間違いを犯した。

7. 表現の自由は人々を多様性を受け入れる方向に導く。

8. 試験での彼の見事な成績は彼に奨学金の資格を与えた。

Challenge

1.ウ　2.オ　3.イ

解説 1. apologize「謝る」，admit「〜を認める」，regret「〜を後悔する」，excuse「〜の言い訳をする」**和訳** ボブは，委員会の報告書で間違いを犯したことに気づいたので，間違いについて謝った。

2. It is a shame that ...「…ということは残念である」，tame「飼いならされた」，blame「責任」，frame「枠」，chime「鐘の音」**和訳** 彼が自分の兄［弟］を自慢に思えないのは残念なことだ。

3. inevitable「避けられない」，festive「祝祭日の」，prosperous「繁栄している」，vivid「生き生きとした」**和訳** 努力をしなかったため，悪い結果は避けられなかった。

Part 2 常に試験に出る重要単語 700 語

✈ Section 9-3 　単語番号 801 〜 900 　問題編 **p.62**

Step 1

① 1.イ　2.ウ　3.ア　4.イ　5.エ　6.イ　7.ア　8.ウ　9.イ

② 1.イ　2.カ　3.ク　4.キ　5.エ　6.ア　7.オ　8.ケ　9.ウ

③ 1.ア　2.ア　3.ア　4.ア　5.イ

Step 2

① 1.エ　2.ウ　3.ア　4.イ

② 1.remarkable　2.resolute　3.passionate　4.faithful　5.courageous

Step 3

1.エ　2.イ　3.オ　4.ク　5.ウ　6.キ　7.カ　8.ア

和訳 1. 議論は現在新たな局面に入っている。

2. 私は健康のためにタバコを吸うのをやめた。

3. ニュートンの重力理論はケプラーの考えに大きな影響を受けた。

4. 彼女はほぼ週末ごとにそのショッピングモールへ行く。

5. ハトは本能的に生まれた場所への帰り方を知っている。

6. 生徒たちは勉強するための明らかな動機づけを必要とする。

7. 女性に対する差別に取り組むことが必要である。

8. アメリカ国民の大部分が電子書籍を読む。

Challenge

1.エ　2.イ　3.イ

解説 1. get on ～'s nerves「～をいらいらさせる」, brain「脳」, ear「耳」, mind「心」
和訳 Ａ：音楽の音量を下げてください。いらいらします。　Ｂ：あら、ごめんなさい。

2. endure「～に耐える」, embarrass「～に恥ずかしい思いをさせる」, recite「～を暗唱する」, resemble「～に似ている」 和訳 私はこれ以上この痛みに耐えられない。

3. prohibit「～を禁止する」, disturb「～をかき乱す」, encourage「～を奨励する」, permit「～を許可する」 和訳 ここは「禁煙エリア」なので、この区画では喫煙は完全に禁止されている。

Part 2　常に試験に出る重要単語 700 語
Section 10-1　単語番号 901 ～ 1000　　問題編 p.64

Step 1

① 1.エ　2.エ　3.ア　4.イ　5.ア　6.ア　7.イ　8.ウ　9.イ
② 1.カ　2.エ　3.ケ　4.キ　5.イ　6.ウ　7.ア　8.ク　9.オ
③ 1.イ　2.ウ　3.イ　4.イ　5.ウ

Step 2

① 1.prominence　2.cruelty　3.restoration　4.reproduction　5.classification
② 1.form　2.vaccinate　3.maximize　4.neutralize　5.urge

Step 3

1.イ　2.キ　3.エ　4.ウ　5.ア　6.オ　7.カ　8.ク

和訳 1. 急進的な候補者がときどき選出される可能性がある。
2. 相互の尊重がうまくいく関係のかぎである。
3. 警官たちはその地域で増加している犯罪に対し現在警戒している。
4. ペンギンは極地の環境にうまく順応している。
5. ケンは英語と日本語の両方が流ちょうである。
6. 彼の病気は彼の食習慣とは無関係である。
7. コンピューターへの不法侵入に弱い発電所もある。
8. 彼はその新会社に関する情報を集めるのに熱心である。

Challenge

1.ア　2.ウ　3.ウ

解説 1. interfere「干渉する」, advantage「～に有利に働く」, facilitate「～を容易にする」,

prevent「〜を妨げる」 和訳 週に 21 時間以上働いた大学 4 年生の半数以上が，仕事のスケジュールが勉強の邪魔をしたと言った。

2. hesitate to *do*「…するのをためらう」，expect「〜を予期する」 和訳 A：手伝ってくれてありがとう。何をすべきかはもうわかったと思います。　B：どういたしまして。もし質問があれば，ためらわずに尋ねてください。

3. fare「(乗り物の) 料金」，fee「謝礼，入場料」，bill「請求書」，ticket「切符」 和訳 歩いて，バス代を節約しよう。

Part 2　常に試験に出る重要単語 700 語
✈ Section 10-2　単語番号 901 〜 1000
問題編
p.66

Step 1

① 1.ア　2.イ　3.イ　4.ウ　5.エ　6.イ　7.ウ　8.ア
② 1.ケ　2.ウ　3.ク　4.カ　5.イ　6.ア　7.エ　8.オ　9.キ
③ 1.ウ　2.イ　3.ウ

Step 2

① 1.イ　2.エ　3.ウ　4.ア
② 1.suit　2.pronunciation　3.retention　4.fluency　5.passivity

Step 3

1.ウ　2.カ　3.イ　4.ア　5.オ　6.キ　7.エ　8.ク
和訳 1. 彼はカップに紅茶を注いだ。
2. 思いにふけって，彼は海をじっと見続けた。
3. 彼は自分のトラックにキャンプ用品を積んだ。
4. 彼はそのレシピでハチミツを砂糖の代わりに使った。
5. 教会は政治に干渉するべきでない。
6. 聴聞会でその政治家は自分の行動を正当化した。
7. 医師は機械を使って患者の体をスキャンした。
8. この装置は患者の体の中に酸素を送り込むのに用いられる。

Challenge

1.ウ　2.エ　3.ウ
解説 1. anticipate「〜を予期する」，accept「〜を受け入れる」，amend「〜を修正する」，approve「〜を承認する」
2. submit「〜を提出する」，fail to *do*「…し損なう」 和訳 その学生は今日の午後締め切りの論文を提出できなかった。残念ながら，彼を不合格にしなければならないだろう。

3. consult「〜に相談する」, check「〜を確認する」, inquire「〜を尋ねる」, confirm「〜を確認する」 [和訳] ルークはひどい風邪をひいている。彼は医者に診てもらうべきだ。

Step 1

① 1.ア　2.ア　3.エ　4.エ　5.ア　6.エ　7.ウ　8.エ　9.イ
② 1.カ　2.ウ　3.エ　4.イ　5.キ　6.ケ　7.ク　8.オ　9.ア
③ 1.イ　2.イ　3.イ　4.ア　5.イ

Step 2

① 1.comedy　2.minimum　3.formal　4.internal
② 1.regular　2.dimensional　3.vicious　4.fatal　5.ambitious

Step 3

1.オ　2.ア　3.ク　4.キ　5.イ　6.ウ　7.カ　8.エ
[和訳] 1. 彼女はグランドキャニオンの美しい眺めに圧倒された。
　　　2. 彼のウールのセーターは乾燥機で縮んだ。
　　　3. 大雨がその村で突然の洪水を引き起こした。
　　　4. 経済問題が両国間の交渉の根底にある。
　　　5. その演説者はコップの水を飲むために話を中断した。
　　　6. 彼女はスマートフォンを使いながら歩いていた男性にあやうくぶつかりそうになった。
　　　7. 最近，電話で人に連絡するのをためらう人が多い。
　　　8. 私たちは少子化問題に立ち向かわなくてはならない。

Challenge

1.ウ　2.ア　3.ウ
[解説] 1. cultivate「〜を養う」, situate「〜を置く」, nominate「〜を指名する」, compensate「〜に償う」 [和訳] パリに3年住んでいるので，ブライアンのフランス語とフランス文化の知識は養われた。
　　　2. exceed「〜を超える」, excite「〜を興奮させる」, exclude「〜を除外する」, extend「〜を伸ばす」 [和訳] 私たちは昨日映画館に行ったが，主演俳優の演技は私たちの期待を大きく超えた。
　　　3. privilege「特権，特典」, judgment「判断」, loyalty「忠義」, specialty「名物」 [和訳] 会員として，あなたには本を20パーセント引きで買う特権がある。

Step 1

1. 1.ア 2.イ 3.エ 4.イ 5.ウ 6.ア 7.ウ 8.イ 9.ア
2. 1.エ 2.ウ 3.オ 4.ケ 5.カ 6.ア 7.ク 8.イ 9.キ
3. 1.イ 2.イ 3.ア 4.ア 5.ア

Step 2

1. 1.エ 2.ア 3.イ 4.ウ
2. 1.deprivation 2.installation 3.transmission/transmitter 4.gratitude
5.pregnancy

Step 3

1.キ 2.カ 3.ク 4.ウ 5.イ 6.エ 7.オ 8.ア

和訳 1. 子供たちはその課に出てきた新しい考えを理解することができた。
2. スーダンは 2011 年に 2 つの共和国に分割された。
3. 日本のバブル経済は 1990 年代に崩壊した。
4. 彼女は演説の中で古い中国のことわざを引用した。
5. 大音量の音楽はいつも私の気を読書からそらす。
6. 教師は生徒の考える力をはぐくむよい機会を持っている。
7. エマは 1 日に何回も E メールのアカウントにログオンする。
8. 彼は人生を昆虫の研究にささげている。

Challenge

1.エ 2.エ 3.イ

解説 1. exclude「～を除外する」，edit「～を編集する」，embrace「～を受け入れる」，
enhance「～を増す」 **和訳** 会社が意思決定プロセスから労働者を除外することは受け
入れられない。
2. by virtue of ～「～のおかげで」，due「予定された」，effort「努力」，gratitude「感
謝」 **和訳** 私の息子はあなたの支援のおかげで試験に受かった。
3. valid「有効な」，vacant「空いている」，valuable「貴重な」，variable「変わりやすい」
和訳 お問い合わせに応じて，現在の商品の種類の詳細と，3 月 31 日まで有効な価格を
同封します。

Step 1

① 1.イ　2.ウ　3.エ　4.ウ　5.イ　6.エ　7.エ　8.エ
② 1.ウ　2.カ　3.キ　4.ケ　5.エ　6.イ　7.オ　8.ク　9.ア
③ 1.ア　2.エ　3.ウ

Step 2

① 1.イ　2.ウ　3.エ　4.ア
② 1.forbidden　2.persistent　3.sympathetic　4.ethical　5.fantastic

Step 3

1.カ　2.イ　3.ア　4.キ　5.オ　6.ク　7.ウ　8.エ
和訳 1. 彼がその証拠から導いた結論は妥当であった。
　　2. 彼はモンブランに登る入念な計画を立てた。
　　3. 東京都は魚市場を移転することに莫大な金額を費やした。
　　4. 多くのサッカーファンがブラジル対イタリアの試合をテレビで見た。
　　5. 多くの若者は政治や経済に無関心である。
　　6. このワインはあのワインより風味が劣っていると私は思う。
　　7. 彼女の発言の後，気まずい沈黙があった。
　　8. その女優は夫との親密な関係について述べた。

Challenge

1.ア　2.ウ　3.best way to relieve your fatigue is to have sufficient
解説 1. grasp「〜を理解する」，burst「破裂する」，fold「〜を折り畳む」，spoil「〜を台無しにする」和訳 エンジニアたちはその問題がいかに深刻か理解できなかった。
　　2. quote「〜を引用する」，arouse「〜を引き起こす」，gulp「〜をごくりと飲み込む」，taunt「〜をあざける」和訳 私の友人はいつも詩の節を引用する。
　　3. fatigue「疲労」，relieve「〜を和らげる」，sufficient「十分な」。it が不要。

Step 1

① 1.ア　2.ウ　3.エ　4.イ　5.イ　6.ウ　7.ア　8.ウ　9.エ

② 1.キ 2.エ 3.オ 4.カ 5.ア 6.ケ 7.イ 8.ク 9.ウ
③ 1.ア 2.イ 3.ア 4.ア 5.ウ

Step 2

① 1.イ 2.ア 3.エ 4.ウ
② 1.complimentary 2.nutritious 3.clinical 4.virtuous 5.obedient

Step 3

1.オ 2.ア 3.エ 4.ク 5.カ 6.キ 7.イ 8.ウ
和訳 1. 多くの国の人がユニセフにお金を寄付する。
　　 2. 税金は価格から除外されていた。
　　 3. 昨日私はスマートフォンに新しいアプリをいくつかインストールした。
　　 4. 軍隊は国民から自由を奪った。
　　 5. 母親の死後，彼の悲しみは長い間続いた。
　　 6. 彼女のバイオリン演奏は聴衆をぞくぞくさせた。
　　 7. そのコーヒーブランドはエチオピア産の豆をブラジル産の豆と混ぜ合わせる。
　　 8. ロバートの新しい車はすばらしい音楽装置を備えている。

Challenge

1.イ 2.イ 3.イ
解説 1. overlook「〜を見落とす」，emerge「現れる」，react「反応する」，behave「振る舞う」
　　　 和訳 彼は調査でいくつかの重要な事実を見落としてしまったようだ。
　　 2. burst「破裂する」，complain「不平を言う」，retire「引退する」 和訳 彼は風船が
　　　 破裂するのではないかと恐れた。
　　 3. grateful「感謝している」，pleased「喜んでいる」，respectful「敬意を表する」，
　　　 honored「光栄である」 和訳 あなたの知識なしには私たちはこのプロジェクトをそん
　　　 なに早く終えることはできませんでした。私たちはあなたの助力に感謝しています。

Step 1

① 1.エ 2.ア 3.イ 4.イ 5.イ 6.エ 7.エ 8.イ 9.エ
② 1.オ 2.イ 3.カ 4.キ 5.ウ 6.エ 7.ク 8.ア 9.ケ
③ 1.イ 2.ウ 3.イ 4.ア 5.イ

Step 2

① 1.ウ　2.ア　3.エ　4.イ
② 1.empathize　2.exceed　3.season　4.abound　5.ridicule

Step 3

1.ア　2.キ　3.イ　4.オ　5.カ　6.エ　7.ウ　8.ク
【和訳】1.彼は絶えずネットのサイトを見て回り，政治的スキャンダルに関する情報を集めている。
2.この装置は水からごみを取り除くように作られている。
3.犯人たちの要求が受け入れられなければ，彼らは武力に訴えるかもしれない。
4.懸命に働けば，きっと君は1か月でこの仕事を完了できるよ。
5.私たちの大学では，女性が心理学専攻学生の大多数を構成する。
6.彼は週に1度自宅マンションの床を磨く。
7.スミス夫妻は自分たちの家を絵画で飾るのを好む。
8.有権者は賢明にも彼を国会議員に選んだ。

Challenge

1.エ　2.ア　3.エ
【解説】1.dismiss「(意見など)を退ける」，disclose「〜を暴く」，discriminate「〜を区別する」，disguise「〜を変装させる」
2.extract「〜を搾り出す」，extinguish「〜を消す」，extend「〜を伸ばす」，extort「〜を強要する」【和訳】ジューサーを使って果物と野菜から果汁を搾り出しなさい。
3.sensible「賢明な」，sensitive「敏感な」，sensual「肉体(的感覚)の」，senseless「無感覚の」【和訳】天気予報では明日は寒くなると言っている。外出するときは上着を羽織るのが賢明だ。

Part 2 常に試験に出る重要単語700語
✈ **Section 12-2** 単語番号1101〜1200　　問題編 **p.78**

Step 1

① 1.イ　2.イ　3.エ　4.ア　5.エ　6.エ　7.ア　8.イ
② 1.イ　2.ア　3.キ　4.オ　5.ク　6.エ　7.カ　8.ケ　9.ウ
③ 1.イ　2.エ　3.ウ

Step 2

① 1.sense　2.aborigine/Aborigine　3.fadeaway　4.spoilage　5.density

1.oriental 2.chewy 3.explosive 4.cautious 5.supplementary

Step 3

1.エ 2.オ 3.ア 4.キ 5.カ 6.イ 7.ウ 8.ク

和訳 1.その夫婦は新車を購入するために 20,000 ドルを貯めた。

2.上司は私の意見をばかげたものとして退けた。

3.彼女は自分の父親に関するうわさを広めたことで私を非難した。

4.彼女は手拭きタオルで手を拭いた。

5.その販売員は客を欺いて高価な製品を買わせた。

6.その男性は政治家の不適切な発言にむかついた。

7.その小さな村は最後の住民が退去した後なくなった。

8.その販売員は価格面で買い手と妥協した。

Challenge

1.エ 2.ア 3.エ

解説 1.resort to ～「～に訴える」，handle「～を扱う」，imply「～を暗に意味する」，estimate「～と推定する」 和訳 業績を改善するために，会社は抜本的な手段に訴えることにした。

2.postpone「～を延期する」，advance「～を進める」，win「勝つ」，kick「～を蹴る」 和訳 サッカーの試合は大雨にもかかわらず始まった。野球の試合だったら延期されていただろう。

3.in excess of ～「～を超過して」，in favor of ～「～に賛成して」，in view of ～「～を考慮して」，in charge of ～「～を担当して」 和訳 その会社は 1 月から 120,000 人以上の新規顧客が加わり，現在 500,000 人を超える加入者を抱えている。

Part 2 常に試験に出る重要単語 700 語

✈ Section 12-3 単語番号1101 ～ 1200

問題編
p.80

Step 1

① 1.ア 2.ア 3.イ 4.イ 5.イ 6.ア 7.エ 8.イ 9.ア
② 1.ク 2.オ 3.ア 4.エ 5.イ 6.ケ 7.キ 8.ウ 9.カ
③ 1.ア 2.ウ 3.イ 4.ア 5.イ

Step 2

① 1.エ 2.ウ 3.イ 4.ア
② 1.migratory 2.millenary 3.consensual 4.provincial 5.famous

Step 3

1.エ　2.オ　3.ア　4.キ　5.カ　6.イ　7.ウ　8.ク

和訳 1. その動物園は珍しい外来の動物を公開している。
2. 酸性雨が大気汚染によって引き起こされるのかはっきりしない。
3. 彼は戦争で戦うというつらい経験をした。
4. 彼女は弁護士に相談するという賢明な決断をした。
5. 彼は高貴な家系の女性と結婚した。
6. ハイブリッド車を運転する人はここで無料駐車の特権を得る。
7. そのおとぎ話に出てくる女王は白雪姫にひどく冷酷だった。
8. 彼女は自分の将来についてとても楽観的な傾向がある。

Challenge

1.ア　2.イ　3.ア

解説 1. fade「薄れる」, weaken「弱まる」, blur「〜をぼかす」, dim「薄暗くなる」
和訳 カーテンは買ったときはかなり明るかったが, 日光のせいで今はずっと薄れている。
2. controversy「論争」, matter「問題」, plan「計画」, decision「決定」 **和訳** 新しい発電所の建設をめぐる論争が高まっている。
3. indigenous「原産の」, ingenious「独創的な」, indicative「表示する」, inactivate「不活発にする」 **和訳** スコットランド農業大学では, 温帯植物に注意を向けている。しかしジンバブエでは, 似たようなプロジェクトが在来植物についての同じ研究を行っている。

Step 1

① 1.ア　2.イ　3.イ　4.イ　5.イ　6.イ　7.ア　8.ウ　9.エ
② 1.ウ　2.エ　3.ケ　4.オ　5.カ　6.ク　7.イ　8.ア　9.キ
③ 1.イ　2.イ　3.ア　4.イ　5.イ

Step 2

① 1.recruitment　2.suspension/suspense　3.exploitation　4.transparency
5.deliberation
② 1.utilize　2.acquaint　3.motivate　4.intoxicate　5.magnify

Step 3

1.ク　2.ウ　3.カ　4.ア　5.エ　6.オ　7.キ　8.イ

和訳 1. 私たちはこの任務に取り組むための効果的な方法を見つけなければならない。
2. 私はマスコミからの批判を聞くのに慣れている。
3. ファイルをダウンロードするには，画面上のファイル名をクリックする必要がある。
4. 彼の度重なる失敗のせいで，私たちは彼の能力に疑問を投げかけざるを得なかった。
5. 私は彼が授業中必死にあくびをしないようにしているのに気づいた。
6. その女性は髪を茶色に染めることにした。
7. 3人の男が混雑した電車の中で女性から財布を奪った。
8. 彼女は浴槽から水を流すのを忘れた。

Challenge

1. ア　2. ア　3. be forgiven for assuming he was
解説 1. withdraw「撤退する」，cancel「〜を中止する」，remove「〜を取り除く」，reject「〜を拒否する」**和訳** ジョンは病気だったので，柔道の試合への出場を取りやめた。
2. peculiar「特有の」，polite「礼儀正しい」，legal「法律の」，firm「確固たる」**和訳** 彼の話し方は，彼の特有のなまりのため興味深い。
3. forgive *A* for *B*「AのBを許す」の受身形。assume「〜を当然のことと思う」**和訳** 友人のエリックはとてもハンサムなので，彼が通りを歩いているのを見たら，彼が有名な映画スターだと思っても許されるだろう。

Part 2 常に試験に出る重要単語 700 語	問題編
Section 13-2 単語番号 1201 〜 1300	p.84

Step 1

① 1. ウ　2. ウ　3. イ　4. イ　5. ウ　6. ア　7. イ　8. ウ
② 1. エ　2. ア　3. ク　4. オ　5. キ　6. ウ　7. ケ　8. イ　9. カ
③ 1. イ　2. ア　3. ウ

Step 2

① 1. amusement　2. drainage　3. revision　4. decency　5. delicacy
② 1. impulsive　2. unable　3. republican　4intuitive　5. fractional

Step 3

1. イ　2. ア　3. オ　4. ク　5. キ　6. ウ　7. カ　8. エ
和訳 1. その哲学的な問いに対する単純な答えはない。
2. その会社は高品質な化粧品で有名である。
3. 日本は過去1世紀の間に大きな人口統計学的変化を経験してきている。
4. 脳は老化すると，その生まれながらの言語能力の一部を失う。

5. 私はそんな易しい質問に答えることができなかったことを恥ずかしく思った。

6. 女性に特有の病気がある。

7. 無線ルーターは信号を送受信する。

8. 私たちの進行中のプロジェクトの成功は関係者にかかっている。

Challenge

1. イ　2. ウ　3. ア

[解説] 1. cast「〜を投じる」, dread「〜をひどく恐れる」, shed「〜を捨て去る」 [和訳] 彼女は, 左右におびえた視線を投げながら暗い道を歩いた。

2. magnificent「見事な」, current「現在の」, disappointing「失望させる」, relative「相対的な」 [和訳] X : 君の娘のダンスのイベントはどうだった？　Y : 彼女がとても誇らしいわ。彼女は見事なパフォーマンスをしたわ。

3. temper「かんしゃく」, mood「気分」, posture「姿勢」, attitude「態度」 [和訳] 彼はかんしゃく持ちで, すぐに怒る。／平常心を保って, 冷静さを失わないようにしてください。

Part 2　常に試験に出る重要単語 700 語

Section 13-3 単語番号 1201 〜 1300　　　問題編 **p.86**

Step 1

[1] 1. エ　2. ア　3. ウ　4. エ　5. エ　6. ウ　7. ウ　8. イ　9. エ

[2] 1. ア　2. キ　3. カ　4. オ　5. イ　6. エ　7. ケ　8. ク　9. ウ

[3] 1. イ　2. イ　3. ア　4. ア　5. イ

Step 2

[1] 1. ウ　2. ア　3. イ　4. エ

[2] 1. temptation　2. withdrawal　3. irritation　4. competence　5. prehistory

Step 3

1. オ　2. キ　3. カ　4. エ　5. ク　6. イ　7. ウ　8. ア

[和訳] 1. その会社は危険を冒して未知の分野に乗り出した。

2. ルネサンス芸術は 14 世紀から 16 世紀にかけてイタリアで繁栄した。

3. 海岸にごみがまき散らされている。

4. 帆船はゆっくりと海の上を漂った。

5. こんなにも長い間あなたをお待たせしたことを許してください。

6. 彼女は掲示板にメモをピンで留めた。

7. 雑誌はその俳優の秘密を暴いた。

8. 多くの語がラテン語やフランス語から英語に取り入れられてきた。

Challenge

1.エ　2.ア　3.ウ

解説 1. appetite「食欲」, accent「アクセント」, accessory「アクセサリー」, affection「愛情」**和訳** チョコレートを食べすぎないで，さもないと食欲がなくなりますよ。

2. It is a pity that ...「…とは残念だ」, piety「敬虔」, honesty「正直」, pressure「圧力」**和訳** A:そんなに早くに帰らないといけないなんてとても残念だわ！　B:そう言ってくれてありがとう，でも本当に行かなければならないんだ。

3. motive「動機」, debt「借金」, fragment「断片」, profession「職業」**和訳** 彼がこの行動を起こした主な動機は何ですか。

Step 1

① 1.ウ　2.ア　3.ウ　4.ア　5.ウ　6.ア　7.イ　8.ウ　9.ア
② 1.オ　2.ク　3.エ　4.ア　5.イ　6.ケ　7.ウ　8.キ　9.カ
③ 1.イ　2.イ　3.ア　4.イ　5.イ

Step 2

① 1.イ　2.エ　3.ウ　4.ア
② 1.precedence/precedent　2.revival　3.starvation　4.ambiguity
5.scarcity

Step 3

1.カ　2.エ　3.ウ　4.ア　5.オ　6.ク　7.キ　8.イ
和訳 1. 今日，私たちは前例のない経済危機に直面している。
2. コンピューター・リテラシーは大学での学習に不可欠である。
3. 彼女が市長に再選されることは十分にありそうだ。
4. 彼女は政治の変化の可能性に懐疑的である。
5. その歌手は3オクターブの声域を持っている。
6. あなたは幼い子供時代の鮮明な記憶を持っているかもしれない。
7. 彼らは会社に加わった新しい役員に敵対的であった。
8. 投資は200万ドルの総利益を生んだ。

Challenge

1.エ　2.ウ　3.イ

解説 1. rumor「うわさ」，fact「事実」，claim「主張」，reply「返事」 **和訳** ある日，部長に何かが起こったといううわさがオフィスに広まった。

　　2. destiny「運命」，container「容器」，deposit「保証金」，instruction「指示」 **和訳** 全人類の運命はすでに決まっていると考える人々がいる。

　　3. dose「（薬の1回分の）服用量」，component「構成要素」，ingredient「材料」，substance「物質」 **和訳** (a) 薬やサプリメントの量　(b) メアリーは2年間，1日1回同じ量のビタミンCを飲んでいる。

Part 2 常に試験に出る重要単語700語

Section 14-2 単語番号 1301 ～ 1400

問題編
p.90

Step 1

① 1.エ　2.イ　3.ア　4.ア　5.ウ　6.ア　7.エ　8.ア
② 1.ク　2.ウ　3.イ　4.ア　5.カ　6.ケ　7.エ　8.オ　9.キ
③ 1.エ　2.ア　3.ウ

Step 2

① 1.エ　2.ア　3.イ　4.ウ
② 1.renewable　2.spectral　3.prevalent　4.legislative　5.chaotic

Step 3

1.エ　2.ク　3.オ　4.イ　5.キ　6.カ　7.ウ　8.ア

和訳 1. あなたはその海外旅行のことを決して忘れないと私はあなたに自信を持って言うことができる。

　　2. フライト中にスマートフォンを使うことは安全規則に違反する可能性がある。

　　3. その女性は犯行現場から逃げようとした。

　　4. 彼女はバッグを前後に振りながら歩いていた。

　　5. 食料生産は二酸化炭素を排出する。

　　6. 警察は路上犯罪の問題を解決しようと努力している。

　　7. トルコでは，世間話がどんなビジネスの議論にも先行する。

　　8. 彼女の情熱は知識不足を補う。

Challenge

1.エ　2.He would be the last man to deceive other people.

3.one of those people who boasted of having never

1. vocal「声の」, eager「熱望して」 この 10 年間で, 国内の少数派グループは, 自分たちの権利を拡大することについてますます声高になっている。

2. deceive「〜をだます」, the last man to *do*「最も…しそうにない人」

3. boast of 〜「〜を自慢する」, in years「何年も」

Step 1

① 1.ア　2.エ　3.ウ　4.エ　5.ウ　6.ア　7.ア　8.ウ　9.エ
② 1.カ　2.イ　3.ウ　4.キ　5.オ　6.ア　7.ク　8.エ　9.ケ
③ 1.ア　2.イ　3.ア　4.ウ　5.ア

Step 2

① 1.ウ　2.エ　3.イ　4.ア
② 1.dignify 2.irrigate 3.formulate 4.note 5.inhere

Step 3

1.オ　2.ク　3.キ　4.カ　5.ウ　6.イ　7.ア　8.エ

1. その運動選手のけがは彼にプロスポーツをやめることを強いた。

2. ホラー映画が彼女を怖がらせたので, 彼女はその晩眠れなかった。

3. 運転手が私に歩道に留まるようにどなった。

4. 彼女は書類の山を自分の机に置いて私を呼んだ。

5. 彼らは招待客を親友に限定した。

6. その研究者は, 自分の研究結果が事実であると主張した。

7. 私たちはその大きなイベントの費用を 20 億ドルになると計算した。

8. 彼はその計画を見直すために専門家チームを集めた。

Challenge

1.エ　2.ウ　3.エ

1. suppress「〜を抑える」, relieve「〜を和らげる」, remain「〜のままである」, dare「思い切って…する」 政府は総理大臣についてのニュース記事を抑えようとした。

2. worthwhile「価値がある」, comfortable「快適な」, dull「退屈な」, typical「典型的な」 価値のある計画のためなら金を出してもかまわない。

3. skeptical「懐疑的な」, confident「自信に満ちた」, diligent「勤勉な」,

intelligent「聡明な」[和訳]その計画が成功するかどうかに関しては多くの人が疑っている。＝その計画が成功するかどうかについて懐疑的な人々が大勢いる。

Part 2 常に試験に出る重要単語 700 語

✈ Section 15-1 単語番号 1401 〜 1500

Step 1

① 1.エ 2.ア 3.ウ 4.イ 5.イ 6.エ 7.エ 8.エ 9.イ
② 1.ウ 2.ク 3.オ 4.イ 5.エ 6.キ 7.ケ 8.カ 9.ア
③ 1.イ 2.イ 3.ア 4.ア 5.ア

Step 2

① 1.refreshment 2.conquest 3.diagnosis 4.seizure 5.supremacy
② 1.receive 2.transact 3.mutate 4.circulate 5.collide

Step 3

1.キ 2.ア 3.ク 4.ウ 5.オ 6.エ 7.カ 8.イ
[和訳] 1. 警察の徹底的な調査が事故の原因を明らかにした。
2. 私たちの猫は人に慣れているが，ときどき見知らぬ人を怖がる。
3. 私の家の近くの街灯はとても薄暗い。
4. 大都市圏には概して便利な交通機関がある。
5. ごみを減らすことは地球温暖化に対する部分的な解決策にすぎない。
6. 太陽の光は神の恩寵や啓示を表すのによく使われる。
7. 自分の部屋をきちんとした清潔な状態に保つことができない人がいる。
8. その会社の従業員のほとんどは社長に忠実である。

Challenge

1.ア 2.イ 3.エ
[解説] 1. abolish「〜を廃止する」, access「〜にアクセスする」, allow「〜を許す」, apply「〜を適用する」 [和訳] すでに実用的ではないため，この慣行を廃止すべきです。
2. on behalf of 〜「〜を代表して」, in charge of 〜「〜を担当して」, in terms of 〜「〜の観点から」, on account of 〜「〜のせいで」 [和訳] 組織委員会を代表して，皆さんのご参加を感謝いたします。
3. sincere「心からの」, contemporary「現代の」, fiscal「財政の」, informative「有益な」 [和訳] 私は彼の心からの祝福の言葉を受けて幸せだった。

Step 1

① 1.ア　2.ウ　3.イ　4.ア　5.ウ　6.ア　7.イ　8.ア
② 1.オ　2.エ　3.カ　4.キ　5.ア　6.ウ　7.ケ　8.イ　9.ク
③ 1.ウ　2.ウ　3.ア

Step 2

① 1.イ　2.ア　3.エ　4.ウ
② 1.retrieval　2.disruption　3.enrichment　4.disability　5.space

Step 3

1.ア　2.ウ　3.カ　4.ク　5.エ　6.イ　7.キ　8.オ
[和訳] 1. 彼は大学で自身の知識の大半を得た。
　　 2. その湿地は保護地域に指定された。
　　 3. 彼女はコンサートの案内係にホールに入れてくれるように切に頼んだ。
　　 4. 私たちは子供を教育し，勤労し，納税する義務がある。
　　 5. その少年は口に 1 切れのパンを詰め込んだ。
　　 6. まず包みからテープをはがす必要がある。
　　 7. 彼の遺言は自分の財産を処分する方法を示していた。
　　 8. 案内人がツアーの人々のために旅行日程を調整した。

Challenge

1.エ　2.ア　3.ウ
[解説] 1. clarify「〜を明確にする」，concern「〜に関連する」，regard「〜を見なす」，
　　 resume「〜を再開する」[和訳] 先に進む前に，いかなる疑念も明確にされ，処理され
　　 るべきだ。
　　 2. dairy「乳製品」，daily「毎日の」，diary「日記」，dare「思い切って…する」
　　 [和訳] 乳製品を含む食品を食べることはよいと言われている。
　　 3. thorough「徹底的な」，extensive「広大な」，absolute「絶対的な」，complete
　　 「完全な」[和訳] 空港の警備員は，私たちのかばんをすべて検査したとき，とても徹底し
　　 ていた。

✈ Section 15-3 単語番号 1401 ~ 1500

Step 1

① 1.エ　2.イ　3.エ　4.ウ　5.ア　6.ア　7.イ　8.ア　9.ウ

② 1.エ　2.ア　3.ク　4.ケ　5.イ　6.カ　7.オ　8.ウ　9.キ

③ 1.ウ　2.ア　3.ア　4.イ　5.ア

Step 2

① 1.garbage　2.overestimate　3.expenditure　4.chronic

② 1.obligatory　2.comprehensible/comprehensive　3.compassionate
4.encyclopedic　5.spherical

Step 3

1.カ　2.キ　3.エ　4.ウ　5.オ　6.ア　7.イ　8.ク

和訳 1. 彼は東京の法律事務所での 1 年間の実務研修を修了した。
2. 彼は自分の病気に民間療法をいくつか試した。
3. この椅子は人がよい姿勢を保つ助けになる。
4. 最近の国勢調査によると，人口は減少している。
5. その教授はついに生物学における大発見をした。
6. 家族全員を代表して，私はあなたのご助力に感謝したく思います。
7. その会社は金属刃の代わりにセラミックスの刃を販売することを決めた。
8. 東京スカイツリーは東京の最も新しい目印の 1 つである。

Challenge

1.ウ　2.ア　3.エ

解説 1. reception「反応」, fame「名声」, pleasure「楽しみ」, resolution「解決」
和訳 その小説家は自分の小説をほぼ 30 分間読み上げたが，それが受けつつある反応
にとても喜んだ。
2. collision「衝突」, illusion「錯覚」, vision「視力」, division「部門」和訳 X：
テレビのニュースは何についてなの？　Y：海軍の船と釣り船の衝突があったんだよ。
3. insufficient「不十分な」, incurable「不治の」, infectious「感染性の」,
inflammatory「扇動的な」和訳 その証拠は彼が有罪であることを証明するには不十
分だったので，警察は彼を釈放しなければならなかった。

Section 16-1 単語番号 1501 〜 1600

Step 1

1 1.イ 2.ウ 3.エ 4.イ 5.イ 6.ア 7.イ 8.エ 9.ア
2 1.ク 2.オ 3.ア 4.キ 5.ウ 6.エ 7.イ 8.ケ 9.カ
3 1.イ 2.イ 3.イ 4.ア 5.イ

Step 2

1 1.enrollment 2.invasion 3.jealousy 4.legitimacy 5.affluence
2 1.provocative 2.tolerant/tolerable 3.entrepreneurial 4.desperate
5.tidal

Step 3

1.キ 2.ウ 3.ア 4.イ 5.ク 6.エ 7.カ 8.オ
和訳 1. その会社はその事業に大きな利害関係を持っている。
2. 宗教的信条や政治的概念のようなイデオロギーは戦争につながりかねない。
3. 最近，コンピューターはアルゴリズムの処理がより速くなりつつある。
4. 軍はミサイルに対する盾を作り出してきている。
5. 芝居の前に，役者たちは衣装を身につけ化粧をした。
6. 日曜日には彼は洗濯をし，部屋を掃除する。
7. お時間があるようでしたら，アンケートに答えてください。
8. 彼は彼の政敵に復讐する決意を固めた。

Challenge

1.イ 2.ウ 3.refrain from taking photos until you exit the
解説 1. be entitled to *do*「…する権利がある」，grant「(人) に (権利など) を与える」，offer「〜を申し出る」，consider「〜を見なす」 **和訳** この店の会員である顧客だけがここで商品を購入する権利がある。
2. obsession「(考えなどに) 取りつかれること」，flexibility「柔軟性」，injection「注射」，verse「韻文」 **和訳** そのミュージシャンは生涯を通じてギターを弾くことに取りつかれていた。
3. refrain from *doing*「…するのを控える」，exit「〜を去る」

Step 1

① 1.ア 2.エ 3.イ 4.ウ 5.ウ 6.ア 7.エ 8.ア
② 1.イ 2.エ 3.ア 4.ケ 5.キ 6.ク 7.カ 8.ウ 9.オ
③ 1.ア 2.エ 3.ウ

Step 2

① 1.utterance 2.population 3.dissolution 4.absurdity 5.reassurance
② 1.inflate 2.mummify 3.launder 4.obsess 5.nurse

Step 3

1.ア 2.ク 3.ウ 4.カ 5.イ 6.オ 7.エ 8.キ

和訳 1. その教師は経験的証拠の集め方を説明した。
2. メキシコには膨大な種類のトウガラシがある。
3. 彼の友人は彼の料理の腕前に嫉妬していた。
4. 被害者の救出は素早い行動を必要とする。
5. 私は風邪のせいでのどが痛い。
6. 私は，彼を説得して父親とよい関係を築かせようとしたが無駄だった。
7. 私の祖父は森で食用キノコを選び出すことが得意である。
8. 彼はいつも私たちに明白な指示をくれる。

Challenge

1.ウ 2.イ 3.エ

解説 1. provoke「~を引き起こす」，succeed「成功する」，tolerate「~を我慢する」，observe「~に気づく」**和訳** 最近，温室効果ガスがもたらした地球温暖化は，環境問題に取り組む人々からの反応を引き起こした。
2. resume *doing*「再び…し始める」，assure「~に自信を持って言う」，restore「~を回復させる」，assume「~と仮定する」**和訳** 昨日やめたところから塗装を再開しましょうか。
3. contaminate「~を汚染する」，clean「~をきれいにする」，collapse「崩壊する」，consume「~を消費する」**和訳** 多くの魚が死んでいるのは，川が工場からの化学薬品で汚染されているからだ。

Section 16-3 単語番号 1501 〜 1600

Step 1

1 1.エ 2.ア 3.ア 4.イ 5.エ 6.ウ 7.エ 8.ア 9.イ
2 1.ク 2.ア 3.オ 4.カ 5.キ 6.エ 7.イ 8.ケ 9.ウ
3 1.イ 2.イ 3.ウ 4.ア 5.ウ

Step 2

1 1.ア 2.エ 3.イ 4.ウ
2 1.speculative 2.envious 3.ideological 4.radioactive/radiant
   5.hygienic

Step 3

1.ウ 2.キ 3.オ 4.エ 5.イ 6.ア 7.カ 8.ク

和訳 1. この地域は自然美に恵まれている。

2. 日本にいる間，ルーカスは日本の慣習に順応しようとした。

3. その店の会員は 5% の割引を受ける権利がある。

4. 政治家は汚い言葉を使うのを控えるべきである。

5. 外科医は首尾よくその子供に心臓を移植した。

6. 私たち全員が当オーケストラの音楽監督にホワイト氏を任命することに同意した。

7. 彼女は封筒の中の手紙を開いた。

8. 彼は入浴中に新しい事業計画を思いついた。

Challenge

1.ア 2.エ 3.ウ

解説 1. accommodate 「〜を収容する」，accompany 「〜に同行する」，account（for 〜）「(〜を) 説明する」，accord 「一致する」 **和訳** 我が家はすでに多くのものでいっぱいで，新たな購入物を収容するスペースはない。

2. absurd 「ばかげた」，competent 「有能な」，precise 「正確な」，specific 「特定の」 **和訳** ハイヒールの靴でそのような険しい山を登れると思うとはばかげている。

3. sheer 「真の」，purely 「まったく」，rather 「むしろ」，really 「本当に」 **和訳** ジョンが真の天才である可能性はとても高い。

Step 1

① 1.エ　2.エ　3.イ　4.ウ　5.イ　6.ア　7.ア　8.ウ　9.エ
② 1.オ　2.ア　3.ク　4.キ　5.カ　6.ケ　7.ウ　8.イ　9.エ
③ 1.イ　2.イ　3.ア　4.ア　5.イ

Step 2

① 1.intervention　2.enclosure　3.inquiry　4.adversity
　5.coherence/cohesion
② 1.excellent　2.addictive　3.superstitious　4.moist　5.defective

Step 3

1.キ　2.エ　3.ク　4.イ　5.カ　6.ウ　7.オ　8.ア
和訳 1. 彼は自分の秘書に仕事の仕方を指図した。
　　2. 彼女は音楽を聞いている間，指をパチンと鳴らした。
　　3. 彼は大理石を彫って鳥の形にした。
　　4. 報道機関はその映画製作者を不道徳な行為ゆえに非難した。
　　5. 我が社は生産性においてライバル会社よりはるかに遅れている。
　　6. その男の子は診療所で母親にしがみついていた。
　　7. 3 人の子供たちはベッドの上でぴょんぴょん跳ねた。
　　8. 私の兄は一流のバスケットボール選手になることを熱望している。

Challenge

1.イ　2.you'll run into when having an antique watch is
解説 1. altitude「高度」，adversity「逆境」，division「部門」，torch「たいまつ」
　　　和訳 その飛行機はかなり高い高度を飛んでいた。
　　2. antique「骨董の」，run into 〜「〜に遭遇する」，repair「〜を修理する」

Step 1

① 1.ウ　2.ア　3.イ　4.イ　5.エ　6.エ　7.イ　8.エ　9.イ

② 1.キ 2.カ 3.ウ 4.エ 5.ア 6.イ 7.オ 8.ケ 9.ク
③ 1.イ 2.エ 3.ウ

Step 2

① 1.collaboration 2.condemnation 3.knot 4.rigidity 5.eternity
② 1.stray/astray 2.commercial 3.sorrowful 4.ironic/ironical 5.sanitary

Step 3

1.イ 2.ア 3.ウ 4.エ 5.カ 6.ク 7.キ 8.オ

和訳 1. 石油1バレル当たりの価格は緩やかに上昇している。
2. その少女は母親に編んでもらったニットの服を着るのが大好きである。
3. 彼はアラスカに滞在中にオーロラをちらりと見た。
4. 私たちは郷土歴史資料館の記録文書から情報を得ることができる。
5. 未来の世代はプラスチック汚染という遺産を残されることになる。
6. その宇宙探査機は長い旅を終え地球に帰還した。
7. 彼は右肺の腫瘍を手術で取り除いてもらった。
8. 彼は計算を見直し，間違いをしたことに気づいた。

Challenge

1.エ 2.エ 3.ウ

解説 1. arrogant「横柄な」, beneficial「有益な」, obligatory「義務的な」, grateful「感謝している」 **和訳** マイケルはとても才能があるが，彼の横柄な態度のせいで彼は皆から孤立している。
2. enclose「～を同封する」, confront「～に立ち向かう」, remind「～に思い出させる」, store「～を保存する」 **和訳** 参考までに，この学年度中に読む必要のある本のリストを同封しました。
3. defect「欠陥」のみが名詞の用法がある。confuse「～を当惑させる」, fail「失敗する」, break「～を壊す」 **和訳** 建物の電気系統の欠陥が火事を引き起こした。

Part 3 ここで差がつく難単語 400 語

Section 17-3 単語番号 1601 ～ 1700

問題編
p.112

Step 1

① 1.ア 2.ウ 3.エ 4.ウ 5.ア 6.エ 7.エ 8.エ 9.ア
② 1.イ 2.ウ 3.キ 4.ケ 5.カ 6.ア 7.ク 8.エ 9.オ
③ 1.イ 2.ア 3.イ 4.ウ 5.イ

Step 2

① 1.prosperity 2.prescription 3.coincidence 4.betrayal 5.vigor
② 1.graceful/gracious 2.autonomous 3.flammable 4.astronomical
5.sentimental

Step 3

1.ク 2.エ 3.イ 4.オ 5.カ 6.ア 7.キ 8.ウ

和訳 1. 彼は床をぬらしたことについてもっともらしい説明をした。
2. その新薬は患者の肌に悪影響があるかもしれない。
3. 骨董店ではよいものをがらくたから見分けるのが難しい。
4. 彼は年下の同僚たちより下位の立場であることを好まなかった。
5. 3日間雨が降り続いているので，彼女は陰気な気分だ。
6. 不注意な人は同じ間違いをする傾向がある。
7. 彼の外向的な話し方は彼が多くの友人を作る助けとなった。
8. 彼女は昨夜パーティーで赤いドレスを着ていて目立っていた。

Challenge

1.イ 2.did I think that they would leak out the news

解説 1. evoke「〜を呼び起こす」，compromise「妥協する」，issue「〜を発行する」，serve「〜に食事を出す」**和訳** 私たちは質問をすることができ，そうでなければ失われたであろう彼らの記憶の領域を開くことができる。しかし，インタビュアーたちによってそれらを呼び起こすための特別な試みはなされなかった。
2. leak out「(秘密などを)漏らす」。準否定語の little が文頭にあるので，主語と動詞の倒置が起きている。

Part 3 ここで差がつく難単語400語
Section 18-1 単語番号 1701 〜 1800   問題編 **p.114**

Step 1

① 1.ア 2.イ 3.イ 4.エ 5.イ 6.ア 7.イ 8.ア 9.ウ
② 1.ア 2.オ 3.カ 4.ケ 5.ク 6.イ 7.キ 8.エ 9.ウ
③ 1.イ 2.イ 3.ア 4.ア 5.ア

Step 2

① 1.エ 2.イ 3.ア 4.ウ
② 1.paralyze 2.monopolize 3.certify 4.amplify 5.pervade

Step 3

1.イ　2.ア　3.ク　4.カ　5.キ　6.エ　7.オ　8.ウ

和訳 1. 彼女は人生におけるたくさんの目標を持った勤勉な学生である。

2. アメリカとは異なり，ドイツは職業教育を決して放棄しなかった。

3. その不況の間に多くの会社が倒産に至った。

4. 熟した果物は腐る前に食べたほうがいい。

5. 私は長時間コンピューターを使ったので肩が凝っている。

6. 空いた席がなかったので私は列車内で立っていた。

7. 彼はロンドンの大学で音響音声学を学んでいる。

8. 子供たちは机の上にある物のおおよその重さを推測した。

Challenge

1.ア　2.ア　3.stumbled across what turned out

解説 1. embody「～を具現する」，apart「離れて」，rise「上昇する」，depend「当てにする」
和訳 それは誇りと精神を体現するチームだ。

2. conscience「良心」，consensus「総意」，constitution「構成」，construction「建設」**和訳** 彼は罪を犯した後，自分の良心と闘った。

3. stumble across ～「～に偶然出くわす」，dinosaur「恐竜」，fossil「化石」。that が不要。

Step 1

① 1.イ　2.イ　3.エ　4.ア　5.エ　6.エ　7.ウ　8.ア
② 1.カ　2.ケ　3.エ　4.ア　5.オ　6.ウ　7.ク　8.キ　9.イ
③ 1.ウ　2.ア　3.エ

Step 2

① 1.consolation　2.hindrance　3.suction　4.diligence　5.vacancy
② 1.tactical　2.hazardous　3.metabolic　4.courteous　5.biographical

Step 3

1.エ　2.ク　3.ア　4.キ　5.ウ　6.イ　7.カ　8.オ

和訳 1. 彼は厳しい条件で働くことを強いられた。

2. 多くの人がスマートフォンで日常生活についてツイートする。

3. スマートフォンは私たちの日常生活に深く組み込まれている。
4. 停電は実験室を使えなくした。
5. 彼はゲーム機のプラグを電源に差し込み，すぐにゲームを始めた。
6. 彼女はでこぼこ道をよけながら歩いた。
7. 彼は自分は決してそのようなことを言っていないと主張している。
8. 彼は台所から皿を持ってきて，それらをテーブルの上に並べた。

Challenge

1.ア　2.イ

解説 1. friction「摩擦」，fossil「化石」，flatter「へつらう」，fluent「流ちょうな」
　　　和訳 機械の部品に油をさすことは摩擦を最小限にする。
2. withstand「〜に耐える」，transport「〜を輸送する」，detect「〜を感知する」，
create「〜を創り出す」**和訳** この潜水艦は高圧に耐え，6,000 メートルもの深さまで
潜ることができる。

Part 3 ここで差がつく難単語 400 語
Section 18-3 単語番号 1701 〜 1800

問題編
p.118

Step 1

1　1.ウ　2.ウ　3.イ　4.ア　5.イ　6.ア　7.イ　8.エ　9.イ
2　1.ケ　2.ア　3.イ　4.カ　5.オ　6.キ　7.エ　8.ウ　9.ク
3　1.イ　2.イ　3.ア　4.イ　5.イ

Step 2

1　1.ウ　2.ア　3.エ　4.イ
2　1.disclosure　2.eruption　3.impairment　4.bankruptcy　5.punctuality

Step 3

1.キ　2.イ　3.エ　4.ウ　5.ク　6.オ　7.ア　8.カ
和訳 1. 彼女は 3 回連続して優勝するという偉業を成し遂げた。
2. 疫病と飢饉(ききん)が原因で数千人が亡くなった。
3. 貿易不均衡はアメリカとメキシコの間に不和を引き起こした。
4. 私たちはアイスクリームを売る露店商を見つけた。
5. 私たちはその会社と 5 年継続の契約を結んだ。
6. その美術館は数点の現代美術の傑作を収蔵している。
7. 毎晩彼女は子供と一緒に押韻詩を詠唱する。
8. 彼女はまだ博士論文に取り組んでいる。

Challenge

1.ウ　2.イ

解説 1. presume「～と思う」，attempt「～を試みる」，convince「～を納得させる」，persuade「～を説得する」和訳 スーは私のブラウスを借りたので，彼女は食事に行くのだと思う。

2. 1文めの haunt は「（記憶・考えなどが）～につきまとう」（動詞），2文めは「（人が）よく行く場所，たまり場」（名詞）。和訳 彼らは，この先何年もつきまとうであろう間違いを犯した。／カフェ・ピエールは，近隣のジャーナリストや俳優のお気に入りのたまり場だった。

Part 3 ここで差がつく難単語400語

Section 19-1 単語番号 1801 ～ 1900

問題編 p.120

Step 1

①　1.エ　2.エ　3.ウ　4.ウ　5.エ　6.イ　7.ア　8.イ　9.イ
②　1.イ　2.ウ　3.キ　4.ケ　5.オ　6.ク　7.エ　8.カ　9.ア
③　1.イ　2.ア　3.ア　4.イ　5.ア

Step 2

①　1.deduction　2.blood　3.injection　4.compliance　5.liability
②　1.resentful　2.oppressive　3.fallacious　4.merciful　5.greedy

Step 3

1.エ　2.オ　3.ク　4.キ　5.イ　6.カ　7.ウ　8.ア

和訳 1. 外国で危険な状況に陥ったら，自国の大使館に連絡を取りなさい。

2. 雨に見舞われて，その男性は橋の下に避難した。

3. クアラルンプールは北緯約3度に位置する。

4. 彼は母親のためにお使いに行かなければならなかった。

5. 私たちは交通渋滞のせいで，その催しに行きそびれた。

6. この地域の住人の大半は中国人である。

7. 私たちの大学の同窓会が来月行われる。

8. 彼女はその宗教の教義に真理を見いだした。

Challenge

1.ア　2.humid summer always follows the rainy season

解説 1. allege「～を主張する」，facilitate「～を容易にする」，file「（訴訟など）を提訴す

る」，sue「〜を告訴する」[和訳]訴訟では，その会社は乾燥化学粉末に関する癌^{がん}のリスクに気づいていたが，その情報を大衆から隠していたと主張した。

2. humid「湿気のある」，follow「〜の後に続く」，rainy「雨の」

Section 19-2 単語番号 1801 〜 1900　問題編 p.122

Step 1

① 　1.エ　2.ア　3.ウ　4.ア　5.ウ　6.ウ　7.エ　8.ウ
② 　1.ケ　2.エ　3.オ　4.イ　5.キ　6.ウ　7.ク　8.ア　9.カ
③ 　1.イ　2.ア　3.ウ

Step 2

① 　1.ウ　2.ア　3.エ　4.イ
② 　1.erode　2.subsidize　3.harass　4.perpetuate　5.wear

Step 3

1.ウ　2.エ　3.キ　4.ア　5.イ　6.オ　7.カ　8.ク

[和訳] 1. 私は哲学の授業で全体論的方法を学んでいる。

2. 人は急いでいるときミスをしがちである。

3. 彼女のまじめな努力は重要な医学的発見という結果を生んだ。

4. 彼は無謀な運転のかどで免許停止になった。

5. 青少年犯罪の増加はこの地域で問題になってきている。

6. 東京の夏は暑くて湿気が多い。

7. 感染症は混雑した場所で広がる可能性が高い。

8. 彼は暑さで目まいがしたので木陰で休んだ。

Challenge

1.ウ　2.ウ

[解説] 1. penetrate「浸透する」，associate「〜を結び付けて考える」，correspond「一致する」，introduce「〜を導入する」[和訳]雨として陸地に降る大部分の水が地面に深く浸透し，岩の間の空間に蓄えられる。

2. allocate *A B* = allocate *B* to *A*「A に B を割り当てる」の受身形。divide「〜を分ける」，include「〜を含む」，approve「〜を承認する」[和訳]今年の予算のおよそ 3 分の 2 は個人の海外での学びの機会に割り当てられている。

Step 1

☐ 1.ア　2.ア　3.イ　4.ア　5.ウ　6.ウ　7.ウ　8.イ　9.ウ
② 1.キ　2.ウ　3.ケ　4.ア　5.オ　6.イ　7.カ　8.エ　9.ク
③ 1.イ　2.ア　3.ア　4.ア　5.ア

Step 2

☐ 1.descend　2.prose　3.analysis　4.immortal
② 1.merger　2.arousal　3.restraint　4.fury　5.timidity

Step 3

1.キ　2.ア　3.カ　4.ウ　5.ク　6.イ　7.エ　8.オ

和訳 1. 有名レストランが彼らの結婚式の料理をまかなうことになっている。
　　　 2. すべての生き物は最後には死ぬ運命にある。
　　　 3. その子供たちはインフルエンザワクチンを注射された。
　　　 4. その男性は選手がミスショットをしたときテレビに向かってののしった。
　　　 5. 彼女は父親の介護に心を奪われている。
　　　 6. その2人の歌手はライブ録音からこのアルバムを編集した。
　　　 7. ほとんどの大学が政府の規則に従った。
　　　 8. 彼らは宇宙探査の任務に乗り出した。

Challenge

1.Well before the advent of English
2.interpreted the verse to mean that earnest prayer would

解説 1. advent「出現」，well「かなり」，settlement「入植」
　　　 2. earnest「熱心な」，interpret「〜を解釈する」，verse「(聖書などの)節」，prayer「祈り」